解說我們的襲產

Interpreting Our Heritage

Freeman Tilden 著

許世璋 高思明 譯

五南圖書出版公司 印行

Interpreting Our Heritage

by Freeman Tilden

關於作者

　　本書作者費門・提爾頓（Freeman Tilden，1883-1980）是美國麻薩諸塞州人，年輕時曾擔任報社記者、小說家，與劇作家，並經常旅行世界各地。50 歲後的提爾頓對小說創作感到倦怠，轉而投入自然保育，長期擔任美國國家公園署署長的顧問，並出版一系列關於國家公園的作品。在 1957 年，74 歲的提爾頓出版《解說我們的襲產》（Interpreting Our Heritage），並於 1967 年、1977 年，相繼完成二、三版的付梓。此書提供了「環境解說」的指導原則與哲學基礎，對美國的環境解說影響深遠，也讓提爾頓被尊稱為美國「環境解說之父」。

譯者序
山水雲天間的教育者與學習者

　　一直很難忘在太魯閣的那一年解說歲月，當年我們都很年輕，是一群在山水雲天間的教育者、學習者，與生活者。每天清晨，在沁涼的山氣與婉轉的鳥鳴中甦醒，然後步出宿舍向山徑旁的紫嘯鶇與白鶺鴒道早安，再走入遊客中心或山林中展開一日的工作。晚上，我們常在太魯閣臺地的宿舍中促膝長談，分享著白日的解說心得；或在空曠的山路上長跑，伴著峽谷的月光，跑入一山的靜寂，再隨著立霧溪的潺潺水聲甜蜜入眠。日子像首青春的輕歌，在自然裡悠悠地吟唱著……。而年輕時的友誼與理想就這樣地在山林中滋長，我們一起對臺灣的自然保育留下許多期許與承諾。我也首次發覺，「環境解說」是一門多麼深奧的哲學與藝術，它有無窮的境界可供我追求與努力；而在山中的我更能深深體悟，解說員學習的不僅是自然這本大書，更在學習如何安頓自己的生命。

　　1992年夏，我不捨地揮別太魯閣的歲月與好友，也揮別了這養育我二十六年的臺灣大地，遠赴美國北方的俄亥俄州立大學自然資源學院展開長達五年的研究所生涯。那是塊四季分明的豐饒大地，尤其是絢爛的秋葉與靜寂的冬雪，讓來自亞熱帶的我感到興奮與著迷；然而，如同美國大多數的州一般，俄亥俄州是個沒有大山的地方，這讓從小與中央山脈為伴的我感到悵然若失，最後竟成為一股濃烈的鄉愁，我強烈懷念著臺灣山林中那空靈的霧林帶、那壯麗的原始森林、那稜線上凜冽的東北季風、那湛藍激越的清溪、那夕日餘輝下的雲海，以及昔日山林夥伴那風雨同舟的情誼……。我慢慢

發覺，這些在臺灣山林中所留下的影像與情感，彷彿是溫柔的母親呼喚，成為我在異鄉求學心中穩定力量的來源，甚至化為論文中的靈感。

那五年在美國的生活，時空的隔離使我更清楚臺灣在全球生態體系中所扮演的珍貴角色。在研究所中我深交了許多美國同學，他們都是懂自然愛自然的人，但每當我放映在臺灣隨手而拍的幻燈片供大家欣賞時，他們總是目瞪口呆欽羨不已，難以想像在這麼小的土地上竟有如此傲世的自然與人文景觀！的確，對愛自然的人而言，生活在臺灣真的是種恩寵，但我也難過地發現，臺灣人民對自己土地的認識竟是如此的無知，甚至帶點自卑；相對地，我那群熟稔的美國同學，即使來自於景觀無比單調乏味的窮鄉僻壤，依然對故鄉土地充滿了解與愛戀，也往往願意去承擔環境保護的責任。這強烈的對比深深地觸動我心，讓我更明瞭環境教育的重要性，一個對自己成長土地不了解的人，怎麼可能對土地產生關懷與愛？而缺乏了土地之愛，又怎會挺身而出捍衛大地？

經過多年的遠行，終於我如願回到東部這熟悉的山川大地，拾起年輕時的承諾，投入了環境教育與自然保育的研究與教學。但與十幾年前相比，臺灣重大的環境問題並沒因國民所得的提升而改善，土石流因高山濫墾而更加劇、西南國土因超抽地下水而繼續沉淪、海岸與河畔的珍貴溼地依然被大量破壞、地方民代為追求不法利益造成河川的水泥化及毒物棄置……，而這些環境問題都正耗掉臺灣子民的競爭力與長期福祉。不幸的是，新世代更注重消費、享樂、自我利益的主流價值觀，似乎更遠離簡樸、尊重生命、公義、節制、給予等有利環境問題解決的生命信念。面對這場環境戰役，我實在找不出太多樂觀的理由，常常，我因這土地上貪婪、短視、

粗暴的人心而憂愁痛心；但另一方面，每當我看到那許許多多在臺灣各地默默付出的高貴心靈、年輕學子們那摯真善感的情懷，以及那依然壯麗且陪我成長至今的中央山脈，卻又無比的感動，並重新獲得希望與力量。

對於決定選擇民主體制的臺灣社會，環境教育就必須放在民主的脈絡中來思考。如果環境教育只促成個人行動（如隨手關燈或撿拾垃圾）來保護環境，將誤導人們以過於簡化與個人主義化的方式來處理環境問題，然而，往往群體性的行動才能真正造成環境問題的改善。我們需要的是強化民主內涵與群體行動的環境教育，讓更多人願意挺身而出形成公益團體以引領臺灣社會向上提升。而在激發人們內心對環境的熱情與使命感上，我相信充滿情意與哲理的「環境解說」必將扮演極重要的角色。多年來的教育經驗讓我發現，人們對環境的熱情與愛，很少因著深奧的教育理論或理性的環境危機分析而被激發；但如果將他們引領至大自然裡或歷史遺蹟前，再輔以動人的解說，人們常會被這些生命故事與直接體驗所感動，進而對環境產生更多的愛與行動，而這一切轉化往往可藉由「環境解說」加以激發。

所以，多年前內心就有翻譯《解說我們的襲產》（Interpreting Our Heritage）的念頭，此書在過去數十年來一直是美國解說界的重要經典，作者費門・提爾頓（Freeman Tilden）以文學性與哲學性兼具的筆法來寫作本書，並非只局限在自然知識的解說，而是站在人性共同的出發點，展現對自然與人文深層的關懷。這樣一本書正是臺灣的解說員所需要的，只是我一直遲遲不敢動手翻譯，一方面唯恐力有未逮，無法完全翻譯出提爾頓在書中所闡述的西方文學與哲學思想；另一方面，平日已忙於國立大學的教學與研究，更何況學

術界重視的是生產出更多嚴謹理性的學術論文，翻譯是件不怎麼被肯定的苦差事。然而，當我看到這幾年在公部門或民間團體有越來越多的解說志工投入環境教育的行列，並獨自摸索著該如何呈現出美好的解說，這終於讓我下定決心著手翻譯。我自我安慰著，即使只翻譯出提爾頓八、九成的原意，也應可為臺灣的解說員帶來許多珍貴的啟示。

　　而在開始翻譯的同時，我的翻譯夥伴高思明老師與我就決定要將此書的版酬全數捐給荒野保護協會，以感謝「荒野」人士過去十年來為臺灣環境的奮鬥，及在環境解說上所投注的心力。另外，我們亦期盼藉此能拋磚引玉，因為與西方社會相比，臺灣社會對公益團體的捐獻力量實在太薄弱了，這些公益團體往往因財務狀況窘困而無法更壯大，也因此削弱了引領整個社會向上提升的力量。我們有個小小的野心，即希望讓更多國人知道多元的捐獻方式，也期盼能對這股風潮的鼓動盡份微薄的心力。

　　如今這本譯作終於完成了，我想感謝昔日在太魯閣相濡以沫的解說員們，至今我依然覺得那年的歲月像首美麗的詩歌；也感謝臺灣環境教育界的熱忱朋友們，你們讓我感受到群體奮鬥的喜悅。當然，更要感謝我的翻譯夥伴高思明老師，若沒有你當初的決心與堅持，本書可能還沒開始翻譯；同時也要感謝堅守太魯閣解說員崗位的老友林茂耀先生之友誼，我永遠懷念那段在太魯閣同室而居的年輕歲月。還有放棄工程博士轉而投入英美文學的表哥張向良先生，感激你願意花數十個小時，與我廢寢忘食地討論書中的章節；同時要感激與我一起擔任學生團契輔導的英美系曾珍珍教授，在百忙的學術生活中還願意撥冗幫我解答書中許多關鍵的翻譯難題。最後要感謝我親愛的妻子麗美一路上的支持與陪伴，末了三個月甚至還與

我一起潤稿與校稿；還有兩個孩子耘慈與牧恩，這本書剝奪了我許多陪伴你們的時間，如今一切都結束了，我們又能常常騎著單車悠遊在美麗的東華校園中，或一起躺臥在山中的溪水旁，仰望藍天白雲，讓時光緩緩流過……。

最後，讓我們一起誠心祈願——

臺灣的天空，永遠揚著我們的夢想
臺灣的山水，永遠靈毓秀麗
臺灣的孩子，擁有一塊值得驕傲與愛戀的土地……

許世璋

2005 年 10 月 20 日
於星空下的花東縱谷

第三版序

國家公園署前任署長紐頓‧祖瑞（Newton B. Drury）曾說過：
「設立國家公園的目的不僅是為了保護美麗的景觀和歷史遺址，更
有助於人類心智與精神的發展。」而在這困惑的年代，愈來愈多的
美國人願意從日常生活中暫時跳脫而出，來到公園中尋求片刻的休
憩，我相信國家公園的價值將益顯重要。

近年來有數以百萬的遊客需要解說員的引導和協助，以幫助人
們將其感受的事物轉化為與個人有關的啟示，並聚焦於所見表象背
後的真理。費門‧提爾頓（Freeman Tilden）在《解說我們的襲產》
（Interpreting Our Heritage）的第一版中，將解說員描繪成能促進環
境覺知的專業溝通人員。

如果這只是一本介紹解說設施和方法的書，那麼它早就落伍
了。然而，提爾頓在書中所闡述的是解說的基本原理——即解說員
運用藝術和技巧時的指導原則與哲學基礎。身為解說哲學的先驅並
被公認為解說之父的提爾頓，藉由《解說我們的襲產》一書，對美
國的國家公園保育運動產生深遠的影響。

難怪《解說我們的襲產》一書會被公認為公園管理文獻中的經
典，受到學生和實務工作者再三的拜讀，其中所傳遞的概念更是歷
久彌新。

與提爾頓同時期的齊格‧歐爾森（Sigurd Olson）寫道：「我們
天生就具有好奇驚嘆的本性，而我們的童年亦充滿著因好奇驚嘆而
產生的冒險行動，雖然這些與生俱來的欣喜通常已消逝了，但在內
心深處，這些蟄伏的熱情卻可藉由敏銳的覺察和開放的心而再度地

燃起。」。

費門・提爾頓在本書中教導我們如何點燃他人的熱情，他以充滿風趣機智的論述方式，引導我們進入那「無價的元素」，即對「美」的愛；並透過〈快樂的業餘者〉一章，道出每一個追求豐富休閒生活的人其內心的需求。

國家公園署的同仁長久以來一直將費門視為重要的朋友和夥伴，而我們亦感到無比的榮幸能與本書作者及出版商在這三個版本中共同合作。對於那些關心著我們國家自然和文化襲產的人們，我很高興費門・提爾頓的文章將繼續提供他們靈感和忠告。

蓋瑞・埃弗哈特（Gary Everhardt）

1976 年 7 月，寫於華盛頓特區

國家公園署署長

再版序

　　首先容我簡扼地敘述大約三十年前，當我主持一個全國性的歷史研討會時所發生的事情。這個團體的討論在某種程度上是聚焦在如何能讓市井小民更容易理解歷史，一些與會者勇敢地指出，在讓歷史更加平易近人的面向上，歷史學家的努力還不夠。幾分鐘後，該校一位著名的歷史學者再也聽不下這些異端邪說，於是他猛然地靠上椅子，起身昂首闊步地走出去，然後用力地把門甩上。

　　這是二十世紀早期，許多歷史學家和其他領域的學者典型的態度。由於受到德國研究學院的影響，這類專家企圖在研究和著作上越來越科學化，也因此他們所發表的文章逐漸趨於深奧難懂。他們的著作被大量的註釋所填滿，幾乎認為學術上的終極成就，乃是在一頁學術論文中，只有一行的正文，其他地方都塞滿許多艱深的註釋。

　　學者似乎真的越來越不關心他的研究成果對學術界以外的人是否清晰易懂。啊！那些努力著讓自己的研究被一般讀者理解的學者真是悲哀！如果你想要責難一位學者，你只須封他為「通俗學者」即可。聽說有一位著名的歷史學家曾經說過，假如一篇歷史著作能被一般人所理解，那根本就不夠格稱為一篇好研究。

　　同樣的情形一直持續到最近幾年，我們大部分的博物館仍然刻板無生氣並且缺乏大眾吸引力，充其量不過是蒐集許多不相稱的古怪東西罷了，而這些東西之所以會被收藏，只是因為恰巧收藏者喜歡它們。甚至是那些蒐集眾多研究著作的大型博物館，館內相關人員對於能引起遊客興趣的展覽方式、推廣計畫，以及類似的活動，若不是欠缺了解，不然就是毫無所悉。不久前美國一所知名的博物館，曾就應否要求員工擴大投入研究和出版工作而進行激烈的辯

論，這情形令人聯想起許多大學教師如果期望被認可和升等，幾乎一定得被迫「生產」論文並發表。但是，對博物館、公園，或歷史遺址而言，管理階層向工作人員施壓以「生產」論文似乎完全偏離了重點。這些機構主要的功能和宗旨，應是提供一般大眾廣泛的活動，這樣的活動當然也會導致許多「學術性」文章的發表，然而當管理階層要求每一位職員發表學術文章時，似乎也意味著管理階層必須先清除自己腦中的陳腐思想，自我甦醒，並理解有關博物館、公園，和歷史遺址等領域在新方法和新科技上的重大發展。

即使長期以來專家抱持著象牙塔式的封閉態度，但業餘者卻依然對歷史及其相關主題懷有興趣與熱忱，數以千計的業餘者持續鑽研這些主題，所以他們發表的著作總數遠超過專業人士所發表的，雖然研究的品質不一定都是最上等的，但他們的興趣和熱忱卻是最崇高的。

專家和業餘人士之間因此形成了嚴重的分歧——事實上是專家和大多數人之間的分歧。專家猶如置身雲端，不肯降尊為卑與世人建立美好關係，他們藐視嘲笑業餘人士那有時聽來愚拙的想法；而另一方面，數百萬業餘者執著於其興趣，繼續地嘗試鑽研，顯然地這是個必須加以改善的不良現象。

幸好最近幾年，許多個人和團體已經察覺上述的需要，試圖縮小雙方的差距。歷史和自然科學的專家們，已努力將研究成果以一般民眾較容易理解的形式呈現，而一般大眾也逐漸對這些領域萌生興趣（或許是上述努力的結果）。同樣地，業餘者也努力發表更嚴謹的研究論文，專家學者也經常從旁給予協助，這無疑地提升了業餘人士的研究品質。在大眾已可透過書籍、報紙、雜誌、廣播、電視，及其他方式獲得訊息的今日，如何使社會研究變得生動有趣並

贏得廣大群眾的認同和支持呢？最成功的例子之一是《美國襲產》（American Heritage）這份雜誌，當許多舊型期刊已經式微或被棄置的時候，它仍然保持廣大的銷售量，因為此雜誌與獲得熱烈迴響的迪士尼自然史影片有關。

在複雜的現代世界裡，年輕學子在中小學或大學所接受的正規教育是不足的；而成年人所繼續接受的那些正規教育（目前是多麼盛行與廣受討論），也都無法滿足劇增的需求。針對某項主題僅僅修習單一課程是不足的，為了使知識的本體能夠不斷地擴展與延伸，我們必須持續地進行學習，包括年少時期和成年階段，也包括正規和非正規教育。由於我們從正規課程中所學習的事物是如此有限，而我們當中許多人的求知慾是無窮的，因此如上述所提及的各類新式傳播媒體，正可滿足他們的渴望。

如今藉由公園、博物館，和歷史遺址，已蔚然形成新的傳播管道。1964 當年美國的國家公園和州立公園總共湧入超過三億六千五百萬人次的遊客，這種發展是一重大而非凡的機會，讓新的大眾傳播管道（即接觸一般大眾的新方式）變為可行。

這嶄新的機會來自於現今稱為「解說」的領域，在此並不討論有關「解說」一詞的特殊涵意，因為本書內頁已經有完整而適切的說明。這些年來，歷史遺址、公園，和博物館的工作人員，已經發展出一些新穎且極有效率的解說技巧和方法。這些人以嘗試錯誤的精神，試驗了種種的方法，他們走在一條前所未有的道路上，起初無人知道這路要通往哪裡，如今亦難確定其終點何在。但無論他們行至何處，我們都知道這條路正朝向極為重要的目標，而他們正走在通往非凡成就的坦途上。

發展這套新式解說方案的人員已經試過許多方法：包括不同型

式的標誌和碑文，各種修復或重建歷史建築的方法，精巧的地圖和透視畫，種類繁多的小型器具等。他們試著讓遊客親自操作這些設施，使遊客感覺親臨其境。他們採用特殊的照明和音效和數百種裝置，並一一測試其效果，好讓遊客們可以看見和聽見所展示的物品，或者能感覺得到、聞得到，甚至能品嚐其味道。

這麼多解說實務難道是無緣無故地產生嗎？事實顯然並非如此，這些解說實務所呈現的是一種新的教育方式，與一種新的哲學，而此新的哲學正是「解說」，亦即致力於讓一般大眾能鮮明深刻地感受我們的歷史、科學，以及自然遺產。

本書研究的範疇並不包括如何重建歷史建築、規劃展示品，或教導諸多其他方面的細節，因為從別處可獲得相關於此的資訊。本書所欲詮釋的是解說的內涵和解說人員的努力開創，亦即解釋何謂「解說」。

本書內容有許多地方須歸功於內政部國家公園署的專業人員之經驗和見解，這本書很顯然地不僅將使國家公園署的同仁獲益，對其他人也會產生極廣泛的影響。此書對於在博物館、公園、歷史建築，及類似機構中的專業工作人員，還有那些富熱忱的業餘者，都極具價值且振奮人心，它無疑地也會激起許多一般讀者的興趣。

我們向作者和每位協助籌畫本書的人員致上感謝，他們的努力已開展此一領域嶄新的一頁。或許作者本人與其夥伴仍覺此書尚有不足之處，然而它已經成功地為解說工作提供許多全新且迷人的觀點。

克里斯多福‧克瑞特頓（Christopher Crittenden）

1967 年 4 月

北卡羅來納州檔案和歷史局

目　錄

第一部分

　　我一直刻意在演說時盡可能地保有一些俚語，這樣做通常會冒著被視為差勁或粗俗的風險。凋零中的國家必將流失他們的俚語，而這一直是喪失自由的前兆。……優秀作家會大量地使用俚語，因為它們是語言的生命和精髓，沒有任何俚語會令人掛慮，擔心它會減低語言的力道和莊重。……同他人交談時，我會採用他們所使用的措詞。

　　　　——狄摩西尼斯【Demosthenes（譯者註：古希臘的演說家和政治家）】對歐布利德斯【Eubulides（譯者註：古希臘哲學家）】之言。語出華德・藍道【Walter Savage Landor（譯者註：1775-1864，英國詩人與古典學者）】所著的《想像的對話》（Imaginary Conversations）。

第一章　解說的原則

　　本書所用的「解說」一詞，是指新近才引進我們文化界的一種公共服務，至於它的精確涵意究竟為何，想要從字典裡找出充分的定義將會是徒勞無功的。除了舊有的含義外，「解說」另具一些現仍通用的特殊意義，例如由語言學家將某種語言翻譯成另一種語言，或解釋法律文件上的意涵，甚至是對夢境和預兆所做的神秘解釋等。

　　然而，每年有上百萬的美國人參觀了國家公園、國家紀念地、州立或市立公園、古戰場、公有或私人的歷史建築，以及大小規模的博物館。藉由保護這些聖地和珍寶，使人們能欣賞並沈浸在這些自然與人文襲產的故事裡。

National Park Service, Abbie Rowe

圖1　具有社群特性的昆蟲是很好的解說素材。在華盛頓特區的岩溪自然中心（Rock Creek Nature Center）裡，清楚的蜂窩內部構造不論對孩童或成人都深具吸引力。

在上述大部分的地方裡，如果遊客願意的話，他將可接觸某種可供隨意選擇的教育活動，這種教育在某些方面是優於教室內的課程，因為遊客們在現場可親眼見識事物本身，不管是大自然的鬼斧神工，或者是人為的精雕細琢。俗語說：「走訪歷史勝境，強於讀萬卷書。」親臨科羅拉多州大峽谷（Grand Canyon）的斷崖邊，俯視其巨大深淵所帶給人心靈的提升，遠超越言語所能形容。

數以千計的自然學家、歷史學者、考古學家，以及其他領域的專家們，在管理守護這些襲產的過程中，為了提供遊客們所需要的服務，因此致力於揭露與「美善」和「驚奇」有關的事物，即彰顯深藏在其所見所知背後的啟示與精神意涵，這些工作便稱為「解說」（interpretation）。

字義上的多重解釋恐會引起誤解，況且有人視遺產的說明是件輕而易舉的事，無須矯揉造作，因此即使是那些致力於此新式教育活動的人們，對於使用「解說」這個字彙，也存在著一些雜音。但

National Park Service, Jack Boucher

圖2　自然界最大的實驗室是海洋。一位解說員告訴小朋友在阿加底亞海岸（Acadia's coast）的海洋生態系中海星所扮演的角色。

就我個人而言，我並不贊同他們的意見，因為實在無法再找到另一個詞彙，能如此貼切地描述我們在國家公園或是任何相關機構所正嘗試進行的教育工作。

　　然而在前述這特殊的教育活動中，不論是在科學、藝術，或者兩者兼具的領域之中，確實存在著一種奇特的現象，那就是到目前為止的「解說」，不論是卓越的、不錯的、尚可的，或是令人不滿意的，都僅含糊地奠基在少許的解說哲學上。

National Park Service, Douglass Hubbard

圖3　在優勝美地國家公園土歐魯米草原（Yosemite National Park, Tu-olumne Meadows）的兒童自然步道上，一群活潑熱情的孩子們正爬上花崗岩的斜坡。

不論是在國家公園或一些規模較小的地方，我都曾親歷過一流的解說服務。然而我也發現，有些解說員並不懂得解說的原則，而只是憑藉著直覺來解說。我誠信，倘若世上真有全備的直覺和靈感可供依循，這將會是提供解說服務的絕佳方式。但實際上我們並不具備這樣的天分，因此只要曾聽過一些較差的解說，你一定衷心地期盼著能有一些可供教導的解說原則，以及專門培育解說員的學校。

National Park Service, Douglass Hubbard

圖 4　解說員卡爾・夏史密斯（Carl Sharsmith）教導遊客如何以松針撥弄猴花（monkey flower）使其轉動。

本書的肇因是為了探究在前述各類保護區裡的解說實務；同時也想探討是否存在著一套解說哲學與一些解說基本原則，即使這些解說哲學和原則並不一定能鼓舞解說員們，但至少能幫助他們建立可勝任解說工作的自信。

National Park Service, Douglass Hubbard

圖 5　透過明亮的眼睛可以發現草原上許多奇妙有趣的事物。

自從人類最早的文化活動開始時就有了解說員，每位偉大的教師都是解說員，只是他很少明確地察覺自己正在從事解說，而且他的「解說」是很個人化並內隱於教學裡。在一場稱為「聖誕信息」（A Christmas Message）的講道中，哈里・佛斯狄斯克（Harry Emerson Fosdisk）將「解說」的意義闡釋的淋漓盡致，在提到耶穌時，他說：「這世上有兩種偉大，一種存在於時代巨人的天分裡……，

圖6　流經花崗岩的河流，將沖蝕而出的沙子一路帶向太平洋。

他（或她）開創了歷史的進程；而另一種則存在於具有啟發恩賜的個人中，他（或她）揭示了那始終存在而人們卻茫然未知的普世原則，偉大之處在於其所揭示的，遠超乎其個人的不凡。……在任何領域中，最偉大的乃是揭示普世性的原則。」。

過去幾十年來，為何我們的大學生在提及一些特定的教師時，都會充滿尊崇與敬愛？譬如哈佛大學的柯普蘭（Copeland）和查爾

National Park Service, Douglass Hubbard

圖 7　黃石國家公園裡的海灘松（lodgepole-pine）森林，是休憩和傾聽大自然故事的理想地方。

斯・諾頓（Charles Eliot Norton），以及布朗大學的彭勃思（Bumpus）（在此僅由眾人中列舉這三人）。因為這些人透過其所具備的人類心靈共通性，常能直覺地穿透事物的表象，進而清楚呈現出事物的精髓。彭勃思的一個學生曾說：「吾師全然因活在地球上而歡欣，因為從中他發現了許多事物。……而他也享受於以全新的亮光來看待這些事物。……他永遠記得呈現這些亮光時的那種『感覺』，而且也不會忘記去述說一個故事的需要，這兩者都不亞於說出實際事實的重要性。」。

以水杉類的巨木所截取的橫切薄片為例，將其上的年輪與人類歷史的時間圖相互聯結，這是優秀的解說員所創造的解說理念。

「解說」的有效性，端賴精心設計的研究得以逐步提升，因此，在本概論性章節中強調研究的重要性應是適當的。威廉斯堡殖民地（Colonial Williamsburg）的艾德華・亞歷山大（Edward P. Alexander）刊登在《古代雜誌》（Antiques）裡論及歷史遺蹟的文章中寫著：「歷史遺蹟的妥善保存是需要持續的學術性調查研究，而它也是史蹟保存之活水源頭。可靠的歷史和適切的解說，兩者都需要以事實作根據，而學術研究正是獲取這些事實無可取代的唯一方法，也是維護任何史蹟所不可或缺的工作。」。

威廉斯堡殖民地本身即是完美的歷史遺址範例，由於洛克斐勒先生【Mr. Rockefeller（譯者註：洛克斐勒基金會的創始人）】的慷慨贊助，如今藉由各領域中最稱職的研究人員之才能與經驗，已精確卓越地重現美國早期歷史的鮮活片段。

在國家公園署（National Park Service）裡可發現為數豐碩的研究證據，而且不單是在歷史部門而已。以克瑞特火山湖（Crater Lake）為例，「解說」帶給遊客的不純然是美感的享受，從中更能

體認到那創造周遭美景的自然力量，因此，學術研究對提升遊客的滿意度和興奮喜悅是相當重要的。例如此地的巨大火山，最早被認為的起源並非如今日公認之答案，但藉由持續不斷的研究，遊客得以體認火山湖的形成。不只是地質學家而已，還包括其他方面的專家（例如考古學家），都在克瑞特湖進行研究，致力於揭露該領域之真相。

位於維吉尼亞州阿靈頓（Arlington）的考司提斯——李宅第【Custis-Lee Mansion（譯者註：考司提斯家與李家是美國南北戰爭時代兩個重要的家族，結為姻親）】，由於某位歷史學家對昔日研究的結果不甚滿意，於是他大量地查閱考司提斯家與李家兩大家族日常生活的詳細記錄，因其孜孜不倦的努力，促使今日考司提斯——李宅第光華再現的考古與解說計畫。

奈塞斯堤堡壘（Fort Necessity）是喬治·華盛頓【George Washington（譯者註：1732-1899，美國第一任總統）】年輕時待過的地方，在參訪之後我們會說：「它看起來怪怪的。」但是草率的觀察和臆測並無法釐清真相，後來多虧公園管理處的一位考古學家鍥而不捨地研究，果然發現重建的柵欄是錯誤的，終於還原了這邊疆營區過去真實的風貌。

許多年來，傳聞著納爾遜（Nelson）大角羊已在死谷國家紀念地（Death Valley National Monument）裡完全絕跡。的確，除了大角羊之外，大家都如此相信。但是因為自然學家瑞夫·威爾斯（Ralph Wells）在火爐般的夏季死谷裡辛苦研究，如今證實大角羊仍有相當的數量存活。

就研究的貢獻而言，我很自然地又想到恐龍國家遺址（Dinosaur National Monument）裡的詹姆斯城（Jamestown），為了籌備 1957 年

的展覽會而在此展開的挖掘工作，使得第一批操英文腔的拓殖者所建立的小聚落得以還原，並且重現古代棲居在此的生物們栩栩如生的景況。

　　夠水準的研究究竟對解說內容的充實有何貢獻？我直覺地聯想到令人印象深刻的喬治亞州的弗瑞德瑞卡堡壘（Fort Frederica）。在考古學家和歷史學家於布朗斯威克（Brunswick）附近海島上的阿格勒攝普（Oglethorpe）殖民地展開調查之前，有一回那兒的解說人手不足，我試著為遊客做義務性的解說。當地那遺留的斷垣殘壁，包括屹立的老橡樹、前方寧靜的河口地，都令人著迷，我覺得它們美到近乎虛幻。我對當地的歷史背景有充分的了解，但解說時遊客們的眼光卻不斷地從我身上游移而出，我曉得他們正在想著：「那些遺蹟究竟是什麼啊？」那些建築廢墟並不輝煌顯眼，雖然那些土墩可能是昔日的牆垛，但並無法讓遊客留下深刻印象。

　　幾年後，在挖掘出霍金斯——戴維生老宅【Hawkins-Davison house（譯者註：1950 年因著霍金斯——戴維生老宅的出土，使得考古學家獲得許多有關昔日弗瑞德瑞卡城鎮的新發現）】的位置之後，我再度回到了弗瑞德瑞卡堡壘，我又樂於告訴遊客關於弗瑞德瑞卡的故事。這裡所發現的砌磚和牆垛是多麼的特別啊！原來它是昔日城鎮的一小部分，曾經有人在此住過，這些新發現令此廢墟生機復燃。

　　幾年前當我攀登新墨西哥州的詹姆士山（Jemez Mountain）時，在海拔至少 7000 英呎以上的陡峭山壁，發現散佈著數種海底貝殼的化石，對此我毫不訝異，但令我好奇的是，史前的美洲住民必然見過這些貝殼，他們究竟有何感想呢？我知道我所在之處，在地殼緩升之前是淺海的水域，但我又如何得知此事實呢？因為曾有解說

員幫助我了解它。藉由解說，可使看似無關的事物成為遊客心中完整的圖像。

為了整合「解說」這個字的涵意，以彌補字典裡其字義的缺陷，我想對國家公園、州立和市立公園、博物館及類似的文化機構，其所謂的「解說」一詞做如下的功能性定義：

> 「透過原物的使用、直接的體驗，及輔助說明的媒介，以啟示其深遠意涵與關聯性為目的之教育活動，而不是僅傳遞確實的訊息而已。」

容我強調這是專為字典所需而下的定義，僅在邏輯上就字彙本身做一客觀且能被接受的陳述。但是真正的解說員不會依賴任何辭彙上的定義，除了備妥資訊與應用研究發現之外，還必須超越外表貼近真相、跨越片面趨近整體，並體悟出事實背後的深遠意涵。

因此我提供兩點解說員必須思考的簡扼概念，其一需要自我的深切思考，其二則與群眾的接觸有關。第一點，解說員應該要確認：「解說」必須穿透任何事實的陳述，啟發隱含在意表背後更重要的涵意。

第二點，或許更貼切地說是含有忠告的意味：「解說」應充分利用人的好奇心，以豐富並提升人類的智能與心靈。

對界定「解說」的定義而言，我已試著符合眾所認可的要求。雖然我們很少因為詞典編纂者的痛苦而感到歡愉，但我們發現，詞典中許多不同字彙的解釋是如此的接近，而不像我們所認為的一般。此外，單一的定義不是過於局限，就是未能強調出關鍵點。因此，我期望解說員能提出他們自己對解說的看法，當然必須要有效且有趣。若我們能認同某些解說原則，那麼每個人對解說擁有不同

看法也無妨，因為這將呈現出他對這些解說原則的領悟程度。

　　究竟這些原則是什麼呢？我認為有六大原則，可以滿足上述對「解說」的定義與看法。「六」不是魔術數字，也許我的讀者會把某幾個原則混合起來，又或者他們最後會認為，大原則只有一項，其他的只是衍生出來的必然結果。另一方面，由於我所揭示的解說哲學是一嶄新的領域，或許能激發一些讀者在此新領域繼續深耕，這將是一椿美事。本書不敢妄稱是解說界的最終定局，內容仍有不足之處，然而我們無疑地在從事一種新式的群體教育，它扎根於對國家文化資源系統化的維護和利用，而此領域之探討在過去是絕無僅有的。

　　我相信解說的方式無論是文字的、口述的，或是使用機器設備來呈現，若能建基在這六項原則上，都將會是正確的方向。雖然解說無可避免會因執行上的差異和解說員的人格特質，而產生不同的成效，然而本書顯然並不探討這些因素。在國家公園署裡有一本豐富的手冊和一些值得讚賞的小冊子，可當作解說員之行為準則。

　　以下即此六項原則：

1. 任何解說其所展示或描述的內容，若無法與遊客的性格或經驗相聯結，將會是枯燥乏味的。

2. 解說雖是根據訊息（information）而帶出的啟示，但訊息本身並非解說，兩者全然不同。然而，所有的解說都包含訊息。

3. 無論其內容是關於科學、歷史，或建築，解說是一種結合多種學科的藝術，而任何藝術或多或少都是可傳授的。

4. 解說的主要目的並非教導，而是激發（provocation）。

5. 解說強調的是整體的概念，而非零碎的片段。解說應針對全人（the whole man），而不是任何單一面向。

6. 對 12 歲以下的兒童所做的解說，不應是稀釋對成人解說的內容，而需要有完全不同的做法。若欲達到最佳的效果，則須有自成一套的解說方案。

　　我不準備在沒有說明或實例的情況下，使用歸納式的方法來寫作本書。雖然我常提醒解說員絕對不要忘了「風格」是構成解說的珍貴要素，但就本書而言，我只想在思緒上力求簡潔清晰，而非外在的寫作風格。有人問一位法國作家：「何謂『風格』？」作家回答：「『風格』 就是作者本身。」換句話說，風格正是解說員自己。但一個解說員要如何才能表現出自我的風格呢？答案是透過「愛」（love）。我們稍後將另闢一單元來談論「愛」的部分，在此我並不將「愛」視為一項解說原則，因為它的確並非原則，而是一種熱情（passion）。

第二章　遊客首要的興趣

任何解說其所展示或描述的內容，若無法與遊客的性格或經驗相聯結，將會是枯燥乏味的。

在閱讀時，我們必須把自己變成希臘人、羅馬人、土耳其人、祭司、國王、殉道者，以及劊子手，亦即必須將這些意象和我們現實中的個人私密經驗緊密地結合在一起。

——愛默生【Ralph Walso Emerson（譯者註：1803-1882，美國評論家、哲學家、詩人）】

為什麼人們會想參觀公園、博物館、歷史建築，和類似之保護區？關於這樣的問題我們可以提出一長串的理由，雖然這是個有趣的心理學議題，但因為偏離本章的主題，因此我們毋須在此多做探討。每一位解說員僅從經驗就可得知，遊客的動機既多且分歧，如果把它們一一列出，可能會像這本書這麼厚了。

重點是不論遊客基於何種原因來此遊覽，反正他們都已經來了，如果我們想要建立解說的首要原則，就必須確定：遊客在此地最感興趣的是什麼？他最想要從解說員身上獲得的是什麼？

答案是：遊客首要的興趣，在於任何能觸及其性格、經驗，以及理想的那些事物。

因碰巧而參與解說活動的成年遊客，對解說員並不會感到特別的敬重，他視解說員擁有他所欠缺的專業知識為理所當然，同時他也恰如其分地尊重這專業知識和擁有這知識的人（特別當這個人身

穿解說員制服時）。然而這類遊客並非不會驕傲（或者說是自負），他可能認為自己像解說員般博學多聞，因此他寧可進行對話互動而不喜歡被動地聆聽。但遊客和解說員也都明瞭並無法時常遇到這種能彼此對話的解說機會，畢竟解說不像圓桌會議的對談一般，但是我們仍可嘗試著用間接的方式來達成這目標。從後續的文章中，我們很快地將會了解，確實存在著這種間接方式，能促進遊客和解說員的互動。

在闡述遊客的首要興趣乃是與他個人有關的事物之前，請容我先行聲明，不要將成年遊客的心態和一般所謂的自我中心混淆，這兩者根本就是毫不相干的兩回事。

梅瑞姆（C. E. Merriam）在《公民的形塑》（The Making of Citizens）一書裡指出，人們有一種強烈的驅力，要將自己和過去的歷史互相結合：

那最根本的構想當然是建造一個涵蓋現在、過去，以及未來的群體，那是一個他所歸屬且樂為其中一員的群體。藉此，他成為世上不凡的個體，他分享該群體所擁有的一切偉大成就，成為契合該群體的所有偉人之同伴。所有這個群體的不幸，都被他詮釋為自己的悲傷；所有這個群體的希望和夢想，不論是已實現的或挫敗的，都變成他個人的希望和夢想。雖然他身分卑微，卻因此變得偉大，成為偉大群體中的一份子。而他卑微的生命也因此散發出熠熠榮耀，那是除此以外絕無可能成就的榮耀。這個輝煌群體的血液流經他的血脈，而其境界和聲望也被他個人引以為傲地承受著，因此，他被提升進入一個更高的境界，遠遠超出自己的本體，而在那境界中，他與所有偉大的先祖們同行。

我曾經在國家公園署的演講中，稱呼解說員為「快樂的橋樑」。當然沒有人能「帶給」別人快樂，尼可拉斯‧千弗特【Nicholas Chamfort（譯者註：1741-1794，法國作家）】說過：「快樂並非不費吹灰之力便可獲得的，我們很難從自己身上去發覺快樂，更遑論從它處奢求了。」令人得以快樂的既非國家公園壯闊秀麗的本質，亦非解說員口中的種種陳述，而是兩者適切的組合，方能將人們內心快樂之潛能帶至生活中。

　　一般而言，對於事物的確定感能使人歡愉，而不確定感則是心靈孤寂和愁鬱的來源。任何人無論是否意識到這一點，他都會在大自然和人群中（包含古人）尋找一個他所歸屬的位置，以消除那份不安。原始的公園、未經開發的海岸、考古廢墟、古戰場、動植物園，以及歷史遺蹟——這些正是最能滿足人們歸屬感需求的地方。因此，即使遊客可能不自知是何動力驅策他來到此地，但內隱的最終動機卻會使他的心境處於開放的狀態。如何在解說中充分利用遊客的這種開放心境，哪怕這心境僅起自於好奇心或一時的興致，是對解說員的一大挑戰。

　　除非你在解說時所敘述或呈現的事物，能觸及遊客個人的經驗、思想、希望、生活方式、社會地位等，否則他將不可能有所回應。假如解說員不能將其所揭示的真相，和遊客的自我（ego）（我使用ego這個字並無惡意）相結合的話，就算他沒有掉頭走開，也已興趣缺缺了。誠如約翰‧梅瑞姆博士（Dr.John Merriam）所說：「呈現的內容若要深刻，必須與人們的興趣有關。」當一個人在閱讀小說，或者觀賞戲劇時，他會本能地想像自己在相同情境下的心境與作為。

　　在博物館裡面，解說員很少能直接接觸遊客，常見的取代方式

是設立解說牌，將訊息留在那兒讓遊客自行擷取。大多數的解說員都曾聽過布朗·古德博士（Dr. Brown Goode）所言：「博物館是一個完整蒐集解說牌的地方，再藉由標本加以說明。」我當然認為他是為了凸顯實情而故作誇大之詞，然而解說牌的效果的確可以令人印象深刻，但也可能呆滯無力。解說牌可以將解說的內容直接投射進參觀者的性格中，讓他對所見事物產生直接聯想。我在德州聖安東尼（San Antonio, Texas）的惠特博物館（Witte Museum）裡看過兩個絕佳的例子，在一個盛裝長毛象骨骸的大盒子上寫著：「就在幾千年前，史前長毛象還生活在德州此地，牠們成群地漫步在曠野中。……運氣好的話，現在你駐足的位置，就是牠們曾經覓食嫩葉的地方。」。

「現在你駐足的位置」這樣的措辭，讓長毛象超越時空而近在咫尺，不再是遙不可及的史前動物。而在同一展示館裡，另一個難得的例子展示著早期印地安原住民所利用的德州西部植物，解說牌寫著：「你需要水桶嗎？鞋子嗎？還是毛毯、草蓆，或者繩索呢？如果需要的話，展示盒裡面的材料將可滿足你的所需。」。

當遊客讀到這個解說牌並看過這些植物之後，早期原住民對遊客而言已不再是全然的陌生者，遊客開始想像著原住民般的需求，用相同的材料來滿足這些需求，他成了早期印地安原住民的一份子。無疑地，過度使用「你」這個字眼可能會使人反感，事實上還有很多的方法可以增加解說的效果，如果解說牌能將此植物的標本和遊客的偏好結合，比方允許遊客直接觸摸這些標本，必可達到更佳的解說效果。

巧妙的解說可以營造出一種深入遊客內心的溫馨親切感，並喚起遊客的情感共鳴，這樣的例子出現在羅斯福總統【Franklin Delano

Roosevelt（譯者註：1882-1945，美國第 32 任總統）】位於紐約海德公園（Hyde Park）的故居。你也許可在羅斯福出生的房間裡放置一個解說牌：「羅斯福總統出生於此。」這當然是正確的資訊，或者解說員也可以向群眾盡情陳述此一事實。但是海德公園運用一個更戲劇性的方式，在這裡你所看到的是一份複製的電報，這是欣喜的父親——詹姆斯‧羅斯福（James Roosevelt）致電一位好友，告知這新生兒的到來，內容是：「一個活潑蹦跳的小子，9.5 英磅，今天早晨出生。」就如同你我曾經感受過的心境一樣，這使得遊客立刻對羅斯福家人，以及整個宅第產生親切感。

United States Forest Service, Lee Prater

圖1　愛達荷州鋸齒國家森林裡（Sawtooth National Forest）一座新穎的遊客中心。

請別忘了，遊客最終是透過自己的眼睛來看待事物，而不是解說員的眼睛，而且他終將「盡其所能」地將你的話語，以最接近自己的知識和經驗的方式來轉譯及解讀。我特別使用「盡其所能」這

四字,是因為我想強調,重要的是讓遊客盡可能輕鬆地完成心中的轉譯。例如解說樹輪年代學、光合作用,和特定時空下的動植物專有名詞,以及詰屈聱牙的拉丁分類學,這些不但對遊客沒有幫助,還可能扼殺他們的興趣。如果解說員真的有時間能生動地闡釋某些專有名詞,大概也只能讓少數人感興趣,但我擔心解說員實際上將面臨許多困難,以致無法更進一步地豐富這些專業用詞的解說。

圖2　國家森林的解說工作集中在森林多元用途的概念上。

解說員在敘述古代或現代人在和平或戰時的作為時,大多以「在同樣的情況下我會怎麼做?」、「我的命運將會如何?」等問題,來吸引聽眾的注意力。參訪李將軍【Robert E. Lee(譯者註:美國南北戰爭時的南軍將領)】故宅的遊客,是否能想像著李將軍當年從首府華盛頓越過波多馬克河【Potomac(譯者註:李將軍原本是首府華盛頓的美國陸軍指揮官,但他的故鄉維吉尼亞州脫離聯

邦政府加入南軍，幾經掙扎，1861 年李將軍最後決定離開首府華盛頓，越過波多馬克河加入南軍陣營）】加入南軍陣營的心情？李將軍其實並未在此久居，但這裡卻是一段時代悲劇的場景，當時這位在美國陸軍服役的愛國男子（譯者註：當年的美國陸軍屬於聯邦政府，後來南方各州的軍隊脫離聯邦政府而組成南軍）必須在此做出關鍵的決定，維吉尼亞州是孕育他的家鄉，他該如何決定呢？在相同的情境下，遊客又會做何抉擇？

圖 3　蘇必略國家森林（Superior National Forest）的遊客透過聲音設備聆聽法屬加拿大船夫述說上個世紀毛皮貿易的艱辛生活。

圖4　一位森林署的專家運用糖松（Sugar Pine）的楔子和毬果來說明加州的林木
　　　管理。

圖 5　加州奧多拉多國家森林（Eldorado National Forest）導覽步道的解說員可幫
　　　助遊客對森林環境建立新的理解。

圖 6　重建美國獨立革命時的軍營有助於打鐵谷州立公園（Valley Forge State
　　　Park）的解說工作。此為男童軍大會中的一幕。

若說大部分的歷史，可以藉由引導遊客進入「置身於當時類似的情境中，你會怎麼做？」的思維而令其印象深刻（當然也會有例外的情形），這種說法一點也不為過。

　　當解說早期美國西南一帶的印地安人所用的一種稱為「歐投歐投」（atlatl）的投擲棒時，遊客是否會發現並應用物理學的原理？這樣說好了，就是「使手臂延長」的方法。喔！許多遊客就像孩子一樣地把棒子一頭削尖，插上一顆青蘋果，然後用力地擲出，好讓蘋果飛到比先前徒手時更遠的地方，而那不正是投擲棒的功能嗎？

　　克拉克‧魏斯勒博士（Dr. Clark Wissler）曾說：「第一次來到弗迪臺地【Mesa Verde（譯者註：科羅拉多州的國家公園）】的遊客，通常對於西南部的古印地安生活並無概念，當時的每件事顯得那麼的陌生和不可思議。」而根據約翰‧科伯特博士（Dr. John Corbett）的說法，今日我們用餐的菜單中，至少有十六道菜是源自於印地安原住民族。現在請你想像在感恩節當天有位遊客，於享用完典型的現代大餐後，進到古代印地安人的建築遺址裡，他很可能向來習慣於吃火雞、南瓜或南瓜派、玉米麵包或其他玉米類的食物，於是他立即就與過去的印地安人生活產生了生動逼真的聯結。巧妙的解說將可聯結過去的事物與我們現今的生活，我們與從前人們所玩樂、愛戀、紛爭、崇拜、審美等——舉凡一切生活的本質幾乎都相同，以至於魏斯勒博士所說的陌生和不可思議都消失了，這位遊客現在會說：「這些人畢竟沒有那麼的另類。」。

　　最後，藉由一個解說的美好範例，以總結本章至此所強調的觀念。這是偉大的英國生物學家，湯瑪斯‧赫胥黎【Thomas Henry Huxley（譯者註：1825-1895，英國生物學家，達爾文演化論的擁護者）】所說的一段話。

赫胥黎曾經在英國一些城市裡的勞工協會（Workingmen's Institutes）進行一系列的演講，其中一場在諾威奇（Norwich）市，演講題目為〈論一根粉筆〉（On a Piece of Chalk）。由於此文的寫作是如此傑出，故成為英國文學的經典佳文，並出現在很多的名文選集裡。在此我們並不論及其文學風格，只著重它在解說上的卓越之處。他的開場白如下：「假若在諾威奇市中我們的腳下有一口井被挖掘，工人們很快地就會發現，他們正在一層因為太鬆軟而無法稱為岩石的白色地質上施工，這種地質正如同我們所熟悉的『粉筆』」。

細想，這段開場白是如此的輕鬆不拘，且是用口語的方式，令人完全沒想到演說者是當今最偉大的科學家之一。聽眾們在赫胥黎的解說方式下，馬上就融入後續的解說情節裡。這口井可能就開挖在他們所立之處，它將成為「他們的」水井，而不是遠在東普魯士（East Prussia）的水井，所以這是「他們的」粉筆，只是不久他們將會知道，這塊石灰岩層延伸了 3000 哩直到中亞。

「世界歷史上偉大的一頁被寫在粉筆上」，請稍微發揮一點想像空間，但毋須太多。兜了一圈之後，赫胥黎又回到諾威奇市身上：「每一個諾威奇市的木匠，都放了一小根粉筆在口袋裡。」。

「這粉筆欲向我們訴說的並不難理解，如果你只想大略了解它所要表達的特質，它甚至沒有拉丁文那麼難懂。」請留意「它所要表達的」這語彙，赫胥黎不是說：「我要告訴你一些你應該知道的事情」，而是「這根粉筆將告訴你一些事情」。

赫胥黎最經典的一句話是：「我建議讓我們一起來讀這個故事。」從這句話之後，他所告訴聽眾們的每一件事（他的聽眾對這些事感到完全的新奇），都彷彿他們即將與赫胥黎並肩展開一場發現之旅。

誠如愛默生所言：「塵世百態可以作為每一個人自我教育的素材，歷史中所有的時代、社會境況，或行動模式，各人都可從中找到與自己的人生處境相對應的事例。」。

第三章　素材與成品

解說雖是根據訊息而帶出的啟示，但訊息本身並非解說，兩者截然不同。然而，所有的解說都包含訊息。

對於一場偉大的戰役，若只論其輸贏的表面事實，是無法令人銘記在心的。……反而是對極細微的事件所做的詳盡描述，較能激發我們的想像力和注意力。……這正如同我們想要更深入地了解人類的本性，而不是僅看他們外在的行為。

——司格特爵士【Sir Walter Scott（譯者註：1771-1832，蘇格蘭詩人及小說家）】所著《傳華薩》（Froissart）之序言。

國家公園管理署的員工訓練課程中有本詳盡的管理手冊，在〈知識與解說〉的章節中提及國家公園的「新聞文宣」，有一條規則是：「在報導時勿加入評論，應忠於事實之陳述，惟陳述時可包含該新聞中相關人物所表達之意見。」。

人們當然將此規則視為審慎的勸告而接受，但其實這意味著別企望解說，只須平鋪直敘即可。

讓我試著以報紙為例來說明這個政策的影響。當阿道夫·歐克斯（Adoph Ochs）擔任紐約時報（New York Times）的老闆時，對於訊息（information）和解說（interpretation）的定位採取所謂純粹主義的角度。他認為釐清事實真相是有可能的，因此記者在報導新聞時不應超出客觀事實的範疇，而對新聞的詮釋則屬於報紙社論的權

限。只是記者畢竟是「人」，即使是冷靜的播音也無法完全避免不會滲入其感情，然而這卻是歐克斯主導紐約時報時期的理念。

在報界持完全相反觀點的是約紐太陽報（New York Sun）的老闆丹拿和拉芬（Dana and Laffan），為了提高可讀性，他們不僅同意還鼓勵太陽報的記者將一個事件描寫成一篇好的故事。太陽報因而總是充滿活力，常被新聞同業稱為記者必看的報紙，相對地，同業們即使尊敬歐克斯對新聞報導的理念，卻認為紐約時報的內容了無生趣。

1906 年的舊金山大地震對這兩大報的新聞觀點是一次很好的檢驗。受重創的舊金山市好幾個鐘頭都無法和外界聯繫，只能聽憑謠言、評論、偏離和走漏的事實（通常這都不是事實）任意流傳。在這種情形下，紐約時報依然努力經營其新聞專欄以維續其理念，但是太陽報有一位傑出記者是舊金山人威爾·厄溫（Will Irwin），他所撰寫的新聞性故事一直都是新聞寫作的經典佳作。地震的消息並未攪亂威爾的心情，當時他所得知的唯一事實是位於金門灣畔他所鍾愛的城市已經被震垮燒燬。他和他的兄弟華萊士（Wallace，也是一位記者）曾在那兒快樂地沈浸在午後湧入凡尼斯大道（Van Ness Avenue）的輕柔霧氣中，他們盡情地享受在「貴賓狗」餐廳【Poodle Dog（譯者註：舊金山著名的法國餐廳）】的熱鬧時光，也過著波希米亞式【Bohemians（譯者註：指率性不羈的生活）】的率性生活。威爾在其報導中傾吐心聲地解說他那城市特有的精華，讓從未到過舊金山的人也能感同身受，感覺自己正身倚馬克特街（Market Street）的燈柱下，閒逛於葛瑞特大道（Grant Avenue）詩畫般的華人區，他們彷彿看到、聽到，和感受著，並因為失去那些已然成為他們所共擁的事物而哀悼。這就是解說，是啟示一個城市的精髓！

雖然這篇報導以事實作為根據，但內容卻不是地震災情的報導。我猜想紐約時報的歐克斯先生也如同他人般沈浸在厄溫的報導中，卻不大可能將它印刷出刊。因他相信新聞訊息和解說是截然不同，兩者不能混為一談。

常聽到以下兩點謬論：在大部分的情況下，解說員必須不斷地提供純知識性的訊息；或相反地，解說員可沉溺在生動豐富的言語而忽略訊息的提供。其實這兩種功能可同時展現於路旁的解說牌及標誌中，也通常會出現在解說出版品上。我們只須記住，解說牌及出版品都可發揮「提供訊息」和「解說」的雙重功能，但「提供訊息」和「解說」在本質上是兩回事。

查理斯‧達爾文【Charles Darwin（譯者註：1809-1882，英國博物學家，進化論創始者）】年輕的時候，曾乘坐英國船艦航行將近五年的時間。那場環繞地球的航行，以《小獵犬號之旅》（The Cruise of the Beagle）之標題出版。由於它已成為適合一般讀者閱讀的名著，故被收錄於全民圖書館（Everyman's Library）裡，許多未讀過達爾文《物種起源》（The Origin of Species）和《蚯蚓》（Earthworm）兩書的人，也可享受閱讀《小獵犬號之旅》的愉悅。

該書說明了科學家也可以成為偉大的解說員，達爾文擁有一種敏銳能力，能讓一般人感受到科學探索和研究其生動的一面，此書對火地島（Tierra del Fuego）的原始土著所做的生動描寫，幾乎散發著小說般的魅力。

達爾文在南美洲進行研究的時候，有一次來到優士帕拉塔山脈（the Uspallata Range of Cordilleras），他對這個地區的地形和地質做了一系列詳實而完整的記述。達爾文寫道：「此地由多種海底熔岩所構成，而火山沙岩和其他沉澱物的沈積層在這裡交互堆疊。……

基於與太平洋沿岸第三紀海床之間的相似性，我希望能在此找到矽化的樹木。」果真他發現了這樣的樹木，那是屬於南洋杉科的冷杉，和紫杉有點類似。

到此所述盡是專業性的知識，一般人對此恐怕無法產生多大的興趣，但是達爾文接著說：

> 任何人毋須接受太深奧的地質學訓練，即可解說這景觀所展現出的驚奇故事。……我所眺望的地點，曾是一處完好的樹林，它們曾在濱臨安地斯山脈（Andes）的大西洋海岸邊搖曳其婆娑的枝葉。
>
> 我知道它們原本生長在從海底噴發而出的火山土壤上面，後來這些挺直的大樹隨著陸地一起沉入海洋深處。這些下沉的陸地在海底先被沈積層所覆蓋，然後再被海底火山的熔岩流掩埋。……
>
> 後來地殼變動再度將其抬升，現在我看見由這海底地層隆起所形成的一系列超過7000英呎的山脈。……與上升力量對抗的另一股力量並未暫停活動，而仍不斷地在切割地表，許多堆積的地層被寬廣的河谷所截斷。而已經矽化的樹木從火山土壤所化成的岩石中裸露出來，那些火山土壤曾經佈滿綠意和新芽，在歷經下沉與隆起作用之後，如今雖然形成火山岩崢嶸頭角於地表，但全成了不能開墾的荒蕪之地，甚至連地衣都無法附著在這些由古代樹木所化成的岩地上。

假如有人指出，達爾文在這場生動的解說中，還是用了很多不常見的字彙，這確實沒錯，但請不要忘了，這些文字是供閱讀之用而非用在口語中，當閱讀時若有需要則可翻查字典。總而言之，我

認為這絕佳範例呈現出訊息（information）和解說（interpretation）的明顯差異。當達爾文使用「解說」這個字彙時，至少顯示他從沒有混淆過這兩回事。

任教於俄亥俄州立大學（Ohio State University）的羅伯特‧葛瑞克斯（Robert F. Griggs）曾在 1915 至 1916 年之間擔任卡特梅峰（Mount Katmai）探險隊的隊長，他為國家地理雜誌（National Geographic Magazine）所撰寫的優美文章中，藉由巧妙的解說幫助讀者將陌生事物變為親切，可說是解說的典範。

卡特梅峰曾在 1912 年 6 月發生有史以來規模極大的一次火山爆發，估計約有五立方英哩的火山灰和浮石被噴發到空氣中，不過卡特梅峰是如此的遙遠，一般人甚至都未曾聽聞過這個名字，而此次爆發所波及的鄰近地區又是人煙稀少的地方，但是葛瑞克斯運用了一種能讓人們真切感受火山爆發威力的解說方式。

葛瑞克斯告知讀者，想像在紐約市中心發生如此規模的火山爆發，這樣的一場浩劫將使得整個大紐約地區都被 10～15 呎的火山灰所掩埋，而且承受著來自滾燙沼氣的莫名恐懼，連奧爾班尼（Albany，紐約州首府）也清晰可見紐約市噴出的巨大蒸汽柱。……整個費城（Philadelphia）遍布 1 呎深的灰燼，陷入一片漆黑中長達六十個鐘頭。稍遠的華盛頓（Washington）和巴爾的摩（Baltimore）兩地，也會降下四分之一吋的火山灰燼。……遠在亞特蘭大（Atlanta）和聖路易斯（St. Louis）都可聽見爆炸的聲響，連丹佛（Denver）、聖安東尼奧（San Antonio），和牙買加（Jamaica）這麼遠的地方，也可以看見紐約市冒起的陣陣濃煙。

類似的解說技巧，也可以說明我們哥倫比亞盆地中火山岩漿流動的景況。如果將那兒的岩漿流移到密西西比河（Mississippi）東

邊人口集中、發展繁榮的地區，「果真如此的話，那麼眼前的景氣將是：燃燒，以及毀滅。……」。

馬克吐溫【Mark Twain（譯者註：1835-1910，美國文學家）】於其著作《在密西西比河的生活》（Life on the Mississippi）第一章的開頭，就顯示他了解解說的涵意，他從1542年狄・索托【De Soto（譯者註：發現密西西比河的西班牙探險家）】發現這條河流開始寫道：

　　敘述這條河流在1542年為狄・索托所發現，這僅是事實的陳述而已，並未深入予以解說，這有點像從天文學的角度來測量日落，並以科學名稱來記錄所測得的光譜，結果得到的是關於日落單調的科學真相，卻無法欣賞落日。

　　它被發現的年代對我們的意義不大，甚至毫無意義，但若將幾個與此年代相近的史實組合起來，就可增加它的歷史透視感和色彩。……例如，在被白人發現的前四分之一世紀裡，法皇法蘭西斯一世【Francis I（譯者註：1494-1547，法國國王）】在義大利的帕維亞省（Pavia）戰敗，而拉斐爾【Raphael（譯者註：1483-1520，文藝復興時期義大利畫家）】和貝爾德（Bay-ard）也相繼逝世。……當時的凱薩琳・麥第奇【Catherine de Medici（譯者註：1519-1589，法國皇后，亨利二世妻子）】還只是個孩童，而英王伊利莎白一世【Elizabeth I（譯者註：1533-1603，英國都德王室時期女王）】將步入青少年。……莎士比亞【Shakespeare（譯者註：1564-1616，英國詩人、戲劇家）】則尚未出世。……

National Park Service, Richard Frear

圖 1　在緬因州的阿加底亞國家公園裡，解說員透過讓遊客親自接觸自然資源的
　　　機會，鼓勵他們親身體驗。

National Park Service, W. Verde Watson

圖 2　北卡羅萊納州布滿暗礁的哈特拉斯海岬國家海岸（Cape Hatteras National Seashore）素以「大西洋墓園」而聞名，當地的解說內容因著充滿戲劇性的航海歲月而增色許多。

圖 3　騾子拉著載滿遊客的小船航行在流經喬治城（Georgetown）的切斯皮克與俄亥俄運河（Chesapeake and Ohio Canal）上，公園的歷史學家述說十九世紀這重要貿易運河航道的故事。

圖 4　獨立國家歷史公園（Independence National Historical Park）的這座
　　　「自由之鐘」具有非凡的意義，可以透過視覺、聽覺，和觸覺等
　　　方式來解說它。

　　本書雖無空間可完整地重述馬克吐溫的本文，但當你讀完所列
的相關歷史事件之後，將發覺「1542 年」不再僅是歷史年鑑中的一
則記錄而已。

　　解說的素材是知識性的資料，而藉由赫胥黎、馬克吐溫，以及
葛瑞克斯的例子，證明了研究人員也可以是優秀的解說員。但這僅
表示有人可以嫻熟地分飾兩種角色，而非期望科學家必須同時專精
於科學和藝術兩方面。而當解說員開始解說時，應要確認：「我們
認為這些解說的內容應可適切地被稱為事實（facts）」。

National Park Service, Ralph Anderson

圖 5　在國家公園管理署的展示研究室裡，熟練的技師和藝術家們
　　　創造出栩栩如生的立體模型與造景。

National Park Service, Barton Stewart

圖 6　收藏於北達科塔州的國家紀念公園（National Memorial Park），
　　　描繪麋角牧場（Elkhorn Ranch）中希歐多爾・羅斯福【Theodore
　　　Roosevelt（譯者註，1858-1919，美國第 26 任總統）】的立體
　　　模型與造景。

在經過長期的研究之後，有時專家們對於最終的事實仍然莫衷一是。有一天史羅德博士（Dr. Schroeder）問我：「如果兩個實力相當的考古學者，對於同樣的證據卻推演出相反的結論時，你將如何對大眾進行此一解說？」我的看法是：任何一個解說工作者（指在本書所討論的這類解說），必須從某些來源獲得權威性的結論，但有時連極具權威的機構都會看法相異，此時解說員或許可兩面具陳。當有些事物是極為重要（例如更新世的冰河），以至於解說員一定得提及時，他亦可坦率地告知尚無人知道確切的答案，這類坦然的敘述有時可讓聽者產生更多的信任。

在阿加底亞國家公園（Acadia National Park）裡，除了海天與陸地的美景外，遊客主要的興趣在於這裡存有許多自然界的證據，說明此地曾被大片緩慢移動的冰原所覆蓋。究竟什麼因素造成北美和歐洲的冰河作用？至今雖有種種假說，卻沒有一種說法能提供滿意的解釋。但即使如此也不至於就無法進行解說，事實上，坦誠告知沒有人知道最終的原因，反而促使遊客們自己去思考答案，就像我們會被謎語挑起興致一樣。即使他的想法並不科學，但其思考的境界必因而拓展，在一個全盲的國度裡，獨眼的人也能成為國王。

如果缺乏歷史學家、自然學家，與考古學家的基礎性研究，解說員便無法展開工作。但有時你會發現專家對其所提出的專業訊息未能引起人們興趣而感到不耐，他可能會認為一般人是較為愚鈍的，但事實正好相反，人類具有與生俱來的智慧，不會讓我們的心智被一些很難消化的知識所混亂。「我們發現以下的定律，……」偉大的英國外科醫生詹姆斯・威金森【James John Garth Wilkinson（譯者註：1812-1899，英國醫生、作家、哲學家，與社會改革家）】說：「當某種學派的知識已被研究多年，卻仍難以讓世人親近與理

解，那麼此一學派所提出的理論就不夠深廣，它需要加入一些極為深入的特質。所以，若是這個知識派別無法引起一般人興趣的話，即表示此派別將需要一些更深入且讓人容易理解的觀點。」。

上述這「極為深入的特質」是一種藝術化的型式——是一種類比、寓言、想像，或者隱喻——就像威金森所說的，是一種能「帶出內涵並使其具體化」的特質。就解說而言，此種藝術化的型式勾勒出解說的具體輪廓。

在國家公園及州立或其他的保育區裡，必須使遊客們明白，我們國家的歷史是由苦難、犧牲、智慧，和衝突所交織而成。讓我們舉南北戰爭戰場和其相關地區為例，這場手足相殘的戰爭結束五十年後，當退役老兵偕其子女重返這些殺戮戰場時，對他們的解說將可著重許多知識性的訊息。站在昔日父親的軍團矗立之地，一種悸動油然而生，急欲探究、回憶當年前進或撤退的路徑，其實在這種情境下即使只是列舉史實資料，也必定會達成某種程度的解說成效。

但如今當我們研究這場百年前爆發的戰爭時，卻發現遊客愈來愈不重視軍事的細節，關切的是這部偉大的人類歷史：「為何當時的人們會採取如此的行動？若換成我身處當時的情境，我會怎麼做呢？而這一切對我的意義究竟何在？」。

上述的說法當然也會有例外，研究這些戰場的歷史學者必須準備同時妥善處理知識和解說這兩件事。一群「南北戰爭圓桌會議」【Civil War Round Table（譯者註：專門研究美國南北戰爭的非營利民間團體）】的參與者將對特定戰役的細節有興趣，大學生們可能準備一份書面報告，而較年少的學生團體則可能試圖釐清聯邦軍隊或地方部隊所扮演的角色。然而這些都屬特例並不能視為解說。歷史學家傑奎斯‧巴祖【Jacques Barzun（譯者註：1907-，美國歷史學

者）】曾經透徹地描述關於歷史的解說：

　　不論一個人如何地愚昧或者無知，即使是最平凡的人，也都會記得與其國家歷史相關的一些意念並有所感應。林肯住過的小木屋可見證西部拓荒者的英雄氣概，或可說明個人卑微的降生並不阻礙日後的崇高職份。……你毋須對法國人詳述聖女貞德的故事，因為與那愛國、王者之尊、聖徒的形象相比，有關她的一生、審判，和死亡的種種細節，都變成微不足道了。

　　傑奎斯・巴祖繼續說道：「失職的歷史學家將企圖去處理具體的歷史問題，並以為藉由詳實搜尋史料且公開其研究發現，即可解決歷史問題。……然而，歷史之功能不在於表面的史實，而是內在的意涵；不在於人們如何去處理歷史，而是過去的歷史對現今的人們造成了怎樣的影響。」。

　　最後，我想引用李德・哈特【Liddell Hart（譯者註：1895-1970，英國戰略家）】在其著作《謝爾曼將軍》【General W. T. Sherman（譯者註：1820-1891，美國南北戰爭北軍將領）】裡所寫的序言：

　　執著於史實資料和傳記文學的人可能會不悅地抱怨，有關戰役的描述不但貧乏，並且缺乏細節上的鋪陳。……

　　追溯昔日軍隊和砲臺的位置與行動，僅僅對古董收藏家有益，特別是那些銷售仿古文物的商人。……這本書探討的是人生，而非靜物，它有助於人類心理層面的成長，而非古董業的商業活動。

　　我並不贊同使用刺耳的語詞，但我認為上述的評論極具價值，

且生動地指明真正的解說不在於處理零碎的片段，而必須去面對歷史上的——我稱之為精神上的——整體性。

第四章　講故事

無論其內容是關於科學、歷史，或建築，解說是一種結合多種學科的藝術，而任何藝術或多或少都是可傳授的。

教授跌坐在沙發上埋怨：「我是一個無助且失敗的老師。」

「親愛的，這不過是短暫的失敗」他的妻子溫柔地回應。「什麼事情令你自憐自艾呢？」

「這並非只是一時的挫折，已經持續一段時間了。這幾個月來，學生們對我所說的每件事情都感到興趣。」

妻子閃露欣喜的眼光說：「我就知道。」她喊道，「你是一位詩人！我很高興你終於發現了。現在，我們就一起快樂地挨餓吧。」

　　——（Pedro Sarráchaca，El Pedagogo Vascongado）

解說員遲早都得面對他所從事的工作到底是科學還是藝術這樣的難題，也許他會認為解說若不是科學就是藝術，二者無法兼具。其實如果它是藝術的話，應能涵納所有的科學；但如果它是科學的話，卻會缺乏文學優雅的修辭所散發出來的甜美韻味。約翰・梅瑞姆博士（Dr. John Merriam）在評論物理學家艾伯特・米歇爾森【Albert Michelson（譯者註：1852-1931，美國物理學家）】時說：「命運使他走上科學家的道路，否則他肯定是個偉大的藝術家。」從米歇爾森僅能二者擇一來看，充分地說明科學與藝術是無法並容的。

記得好像是懷特海【Whitehead（譯者註：1861-1947，英國數學家與哲學家）】曾將「教育」稱為「運用想像力來處理知識」。雖

然科學對待知識的方式，似乎不容許像藝術家般任由想像馳騁，不過偉大的科學家都是想像力澎湃的人。所以如果把教育視為一種科學，教育者要能臻入教育的化境，唯一的途徑是取經於藝術。數學老師必然以為二加二等於四，但威爾斯【H. G. Wells（譯者註：1866-1946，英國作家）】則認為，生命中並不存在「二」這個精確的數字，他說：「一個近似的二加上另一個近似的二，等於約略的四。」威爾斯是從藝術家的觀點，運用想像力去看待知識。然而會計師將會堅持簿記員最好避開藝術的觀點，除非你只想把簿記工作當成副業。

梅瑞姆博士說：「我們可使用物質材料作為教育的基本素材，但必須運用想像力加以處理。」這意味著必須賦予這些教育素材合宜的表達形式。這正是德國詩人海涅【Heinrich Heine（譯者註：1797-1856，德國詩人）】提到他的同胞時所歎惋的：「由於我們一絲不苟的民族性，使我們在陳述事件時，只注意到堆疊細節，而從未考慮要賦予它一個合宜的表達形式。」。

當梅瑞姆博士使用「教育」這個字彙時，他所指的是比傳授知識更高層次的功能。他渴望我們的國家公園能喚起遊客的情感共鳴、激發他們深入了解的渴求、引發宗教般的虔誠情操，就像是對美好事物的愛戀或是對身體健康的重視一樣。梅瑞姆認為：

> 我無法告訴大家我心目中的自然是什麼，或許你的反應和我一樣。重點在於……，科學的貢獻是讓人們對於大自然的定律更能融會貫通，並使我們與自然（從泥土、樹木，到山巒）產生關係，那是一種如同夥伴的關係。我相信，詩人們反倒比其他群體更能理解這人與自然的關係。

就解說是種藝術而言，明顯地可看出我們正努力的方向，至少我們已經不再將解說視為直接式的教導。如今，我們更可以堅決地說，解說員必須能夠運用藝術，而且最好帶點詩人的氣質。我承認這聽起來有些嚇人，也可以想見一些讀者會因此而忐忑不安：「我這輩子從沒寫過半行詩句，別指望我能成為藝術家。」。

我的回應是：你並不了解自己，一個被日常瑣事所困的人，總是忘記了自身的潛能。事實上就某種程度而言，每個人都可稱得上是詩人與藝術家。若你自覺缺乏約翰・濟慈【John Keats（譯者註：1759-1821，英國詩人）】細緻又高妙的想像，或是湯瑪斯・哈代【Thomas Hardy（譯者註：1840-1928，英國小說家、詩人）】典雅而渾厚的辭令，這又何妨？因為我們也是一樣啊！即使缺乏寫作的才華，我們也可以具有詩人般的敏銳力；毋須成為音樂家，我們也能享受音樂帶來的喜悅啊！

我曾與一個商人共赴長途的汽車旅行，剛上路沒多久我就酸溜溜地認定，這趟旅程若不是他嫌枯燥就是我覺厭煩，對雙方而言這都是一個錯誤。除了老生常談之外，我從他那兒一無所獲，漸漸地這旅途成為了一場惡夢。最後我們到了新英格蘭（New England）西部的柏克楔山（Berkshire Hill），此時正值春光明媚，我的同伴不曾到過這麼遠的東部，他突然將車停在山腳下，下車坐著凝望抽出綠芽的白樺樹，然後說道：「看呀！這些樹好像正疾奔而下，要往小溪去洗滌雙腳呢！」對應於他那詩般的感動，我才開始意識到他所看見的。在這平凡的旅程中，我的同伴竟突然發出那宛如古希臘神話般美好的讚歎。

假如山林仙子此時出現，我都不感到訝異！

你始終無法說出在人們的內心深處究竟藏有多少藝術知覺，而

懂得運用藝術的方式從素材中創造故事的解說員，將會發現知音近在眼前。

　　我相信上述看法不致令人曲解，誤以為解說員必須是從業的藝術家，或誤認為他應該吟詩、演說、表演戲劇、成為悲喜劇的演員，或諸如此類非常不恰當的角色等，大概只有福音性佈道會才有可能比上述的情形更糟。我建議解說員應讓自己沈浸於藝術欣賞裡，並賦予解說素材形式和生命，以述說故事的方式來呈現，而非背誦知識的清單便草草了事。整部遊憩史提醒我們，沉悶的表演帶來無趣的聽眾，所以我們必須慎重地看待「遊憩」，並確定我們的解說活動是屬於最優質的遊憩。別忘了大家和解說員在一起是希望得到歡愉，而非前來聽訓。

　　正如契斯特頓【G. K. Chesterton（譯者註：1874-1936，英國新聞評論家、詩人、小說家）】所提醒的，古神話的作者所蘊涵的意象，正是一種「想像力的大膽嘗試」，「他們必定了解風景的靈魂在於故事，而故事的靈魂正是主角的人格特質。」。

　　關於解說是一種藝術，許多國家公園解說員也許比我還更早提出相同的看法，這使我確信我的觀點是正確的。哈瑞‧派克（Harry C. Parker）幾年前寫些東西給我（擔心我會曲解他的原意，他以極謹慎的措辭來表達）：「有時我相信，『解說』的藝術性更勝於科學性。」梅芮爾‧邁斯（Merrill Mattes）則謙虛地表示：「若想成為一位優秀作家，必須具備如詩人和廣告設計師般獨有的淬鍊字句的本能。」這「淬鍊字句」本身正是一種特殊的表達型式，藝術家必須毫不留情地將故事去蕪存菁。

　　我曾聽過國家公園解說員們提過許多睿智的話語，闡述在解說中以故事呈現的必要性，但我也納悶為何他們長久以來並未將此理

念付諸行動。我僅能猜測，也許他們並不想成為改革派，但如果只是因為尚未充分肯定自己的想法與理念，我希望我的認同能夠帶給他們勇氣，就如同他們過去所給予我的一樣。

專業作家也許比業餘者在文學創作及贏取頭銜上更佔優勢，但有時也比較容易迷失在自己的技巧和感情上，以致於文章僅能吸引讀者的注意，而未能深入其心靈境界。我完全同意詹姆斯·哈蘭德（James W. Holland）所言：「好文章有時候也出自於主管或職員、工程師或巡守員，甚至是維修人員的手筆。」因此，我也部分認同赫林頓（J. C. Harrington）所言：「在國家公園管理處工作，許多人可以勝任愉快——假如他們願意投入時間的話。」我將解說視為一種可以傳授的藝術，因此毫不覺得它是件曠日費時的事，但是除非能理解掌握解說的原則，否則花再多時間也是不夠。除非解說員了解到解說的精髓是藝術表達形式，否則任何立意良好的意圖也都枉然，拼湊雜陳的教學方式對渡假的人來說實在是索然無趣。

對專家來說，使用譬喻是種不幸，而使用直喻則近乎不敬；也許可用類比法，但它唯一的功能是令學生更加困惑而已。我並非指責專家以其有限的專業視野所做的決定，但他必須了解對一般人而言，離棄藝術化呈現的解說，比高喊「失火了」更能將滿屋子的聽眾嚇跑。

令人滿意的解說來自於適當而靈巧的語言，使得聽眾或讀者超越可見的事實，進而達到或趨近心靈的境界。賈斯·威金森（Garth Wilkinson）以每一位解說員都難以忘懷的嘹亮聲調說：「一般人認為科學必須是嚴謹、精確，和枯燥乏味……，我並不苟同。實際上我們發現，巧喻是一把心靈之劍（sword of spirit），每當一道偉大的真理被確切地表達出來時，通常是透過某種令人愉悅的巧喻，使

得靈光可以乍現。再者，一個長期的爭議之所以能獲得平息，往往是因為兩造中的一方掌握到一個精闢的說詞，語鋒燃燒著真理的密碼。」。

英文聖經欽定本匯集許多使真理發光的巧妙語鋒，向來是眾多措辭簡明有力的作家或演說者效法參考的範本。林肯的〈蓋茨堡宣言〉得力於他從小熟讀的這本英語修辭經典奇書，試想，倘若林肯先生在宣言中用了整整一小時詳論南方將領米德將軍（Meade）和李將軍的戰略，你認為他的演講辭還會被鎸刻在銅版上嗎？

你也許有過這樣類似的經驗，在受邀參加的晚宴中，男主人盛情地分享著他認為你應會感興趣的故事，而他是如此訴說著：「去年八月發生了一件事，咦，還是九月？我們正前往某地的途中，艾蜜莉，到底是去什麼地方啊？不，不可能是那裡，你說的是另外一次旅行」；故事繼續進行著，中間又被一些關於亨利叔叔的莫名回憶所打斷；「那山頂的風景真是賞心悅目啊，咦，是嗎？不對，那是更早之前的事了。」說話者陷入亂無章法的泥沼，情節沒有重點，結局也遙不可及。最後說話者掙扎無助地問道：「我剛剛說到哪裡了？」此時你不會關心他到底講到哪裡，你只希望自己若是選擇待在家裡就好了，這種敘事的方式就像是裹腳布般地又臭又長。

然而，老練健談的人在一開始就會明確知道，自己到底要往哪個方向走，假如他帶入某些異奇的情節，很快地你就會發現此處對整個故事是不可欠缺的。他排除掉那些不直接導向結局的支節，且讓你曉得他並不介意你是否在結尾之前就已預知當然的結局。最成功的舞台劇並非讓觀眾們陷於茫然中，直到最後一幕才真相大白，相反地在觀眾們開始能夠正確地猜測出結果的那一刻起，他們也許可感受到加倍的喜悅，因為觀眾們將可分享整個藝術過程中參與思

考的樂趣。

　　一位能夠塑造整體、去蕪存菁、使故事盡善盡美的解說員，將發現他的聽眾亦步亦趨地隨侍在旁。就某種觀點而言，解說員訴說的故事彷彿已轉變成聽眾們自己的故事。

　　本章清楚地顯示「解說」是結合多種學科的藝術，而呈現的主要方式是憑藉豐富的修辭，也就是寫作或說話的藝術，特別是指任何情況下都能適切呈現想法的才能。

第五章　非教導，而是激發

解說的主要目的並非教導，而是激發。

　　可以召喚人們學習意願的教育，是一門藝術，它不同於學校的教導，並且遠遠勝過……。事實上，我們所求諸於新式教育的正是一種能吸引人們求知的力量。有吸引力的知識先是激發並且維持了學習者的求知動能，接著擴展他的稟賦，從而豐富他的記憶；反之，枯燥的知識雖然培育了他的記憶，卻蒙蔽了他的心智。再者，這種具吸引力的知識是表裡一致的……，讓學習者持續不斷地感受到他是為了自己而求知，從而導引他進入因擁有知性力量油然而生的喜悅。

　　——詹姆斯・威金森【James John Garth Wilkinson（譯者註：1812-1899，英國醫生、作家、哲學家，與社會改革家）】

　　「教導」（instruction）發生在當師生之間為了「教育」（education）而共聚的處所，而教室正是最常見的所在，但在野外和工廠的實習環境中也可進行教導。早在 1899 年，大學教授已開始帶領學生進入那些日後成為國家公園的地區進行教導，而非純然為了賞景、放鬆心情，或者沉思。

　　從解說的觀點，無論在國家公園或其他機構中，解說活動與其說是為了「教導」，不如說是為了「激發」（provocation）。遊客們在參觀保護區時，確實常想從解說員身上獲得直接性的知識（或可稱之為教導），而優秀的解說員總是能夠滿足遊客此方面的需

求。然而，「解說」真正的目的，應是引起觀眾（或聽眾）拓展其興趣與知識境界的欲望，並且從陳述的事實中，感受更為貼近真理的領悟。

　　國家公園、國家紀念地、古戰場、歷史建築，與自然中心等，因遊客在此能親身體驗大自然的鬼斧神工和人類的偉大作品，這些都是解說得以充分發揮的理想地方。

　　著名的自然學家安瑟爾‧霍爾（Ansel F. Hall），在 1928 年傳遞一篇信息〈給所有公園的教育工作者〉，他明白地表示「教導」既非解說的功能亦非其目的，但此觀念後來被許多解說員所曲解，在此我引用其中的一段敘述：

　　　在保護區從事教育活動時，最好的方式是先幫助遊客對當地有粗略而廣泛的認識，再讓遊客依據現場自行探索所得到的主觀印象，來增補其對當地事物的了解與感受。或許遊客可因你的協助而獲得這些訊息，但你必須先激發他自行發掘事物的動機，其次才是引領他去欣賞並了解所見之物……。你要謹記，遊客到此是為了參觀保護區及其雄偉的自然景觀，至於展示、講述，及戶外導覽，都只是媒介罷了，是用來協助遊客更深入地了解、欣賞所見事物。……有些解說員認為讓遊客了解更多的知識是自己的責任，因此辛苦地向遊客介紹所碰見的每種花木和鳥類；至於另外有些解說員則抱持著此座右銘：「擁抱自然的心靈，比擁有自然的知識更為重要」，並認為使遊客喜悅地沈醉於所見事物，比累積許多的知識更加重要……。

　　就如同愛默生（Ralph Walso Emerson）多年前所言：「坦白說，我從別人靈魂那兒得來的是激發，而非教導。」。

就解說原則的相關書籍而言，若未能探討國家公園早期那群傑出而無私奉獻的工作人員，這將是視野狹窄且內涵不足的解說書籍，因為當初他們所創設的教育活動至今仍相當程度地反映著國家公園解說的本質。基於利用國家公園的美麗與壯闊及所提供的休閒活動，以喚起人們對山林的尊敬與了解，當年即因著這樣的理念設立了國家公園。

早年，在史蒂芬·馬太（Stephen T. Mather）擔任國家公園署的首任署長時，心中似乎已有清晰的解說政策。為了執行這政策，首先他說服了薩克拉曼多（Sacramento）的歌德（C. M. Goethe）夫婦轉任優詩美地國家公園（Yosemite National Park），以他們夫婦之前在太浩湖【Lake Tahoe（譯者註：印第安語，意謂藍色之湖）】的經驗，協助當地自然導覽工作的草創。他們在國外旅途中所觀察到的類似活動，激發了他們對於自然導覽的興趣。此外，馬太先生也曾對耶西·納斯邦（Jesse Nusbaum）早期在弗德臺地（Mesa Verde）所做的解說工作給予溫暖的鼓舞。

本書很遺憾沒有足夠的篇幅來細數 1916 至 1928 年間所完成的每一項基礎性的解說工作。蘿拉·洛克斐勒紀念基金【Laura Spelman Rockefeller Memorial Fund（譯者註：紀念洛克斐勒，後來合併入洛克斐勒紀念基金會）】曾經贊助內政部長（the Secretary of the Interior）任命一個委員會，根據早期投入的解說活動，深入探討在國家公園內從事教育工作的可能性，委員會的成員包括了約翰·梅瑞姆（John C. Merriam）、赫蒙·彭勃思（Hermon C. Bumpus）、荷若德·布萊特（Harold C. Bryant）、佛儂·克洛格（Vernon Kellogg），及法蘭克·歐斯特勒（Frank R. Oastler）等五位，他們經過實地的考察之後，針對「如何促進國家公園在教育及心靈方面的功能」，

提出具體可行的初步報告。

　　翌年，克拉克・魏斯勒（Clark Wissler）、華萊士・艾伍德（Wallace W. Atwood），和以賽亞・波曼（Isaiah Bowman）三人也加入這個委員會，共同在國家公園署創設了教育諮詢委員會。後續幾年內，他們在國家公園和國家紀念地進行許多田野調查，在報告的最後指出：「國家公園對於歷史、地球科學，及生命科學這些領域的教育和研究工作，握有許多的責任與機會。」並對此提出一項因應計畫。

National Park Service, Richard Frear

圖 1　在屬於國家歷史遺址的賓州希望井村（Hopewell Village）裡，透過工作室中的實例示範，遊客有機會目睹並了解沙模鑄造的過程。

　　早期國家公園解說工作的背景資料，已摘錄於荷若德・布萊特博士（Dr. Harold C. Bryant）和華萊士・艾伍德博士（Dr. Wallace W. Atwood）在 1932 年合著的《國家公園之研究與教育》（Research and Education in the National Parks），以及卡爾・羅素博士（Dr. Carl

P. Russell）在 1939 年所著的《國家公園解說工作之歷史與狀況》
（The History and Status of Interpretive Work in National Parks）。我衷
心期盼解說員能翻讀這些文獻，因為這些文獻所涵蓋的，不僅是敘
述解說界早期的工作而已。就我個人而言，我頗贊同「公園服務管
理手冊」（Park Service Administrative Manual）裡所提到的：「研究
與解說」這兩種工作，最能描繪出國家公園成立的宗旨。

　　終於，1953 年國家公園署在其重整計畫中，認為應加強國家公
園的解說功能，因此在華府的總部裡成立一個新的部門，設置一位
掌管解說業務的長官，負責協調人文歷史、自然史、資訊，和博物
館這些單位之間的工作。另外，在國家公園署五個區域性的分部
裡，也設有各自的解說官員，管理著分別由自然學家、歷史學家、
生物學家、考古學家各一名所組成的解說團隊。

圖2　於紐澤西州的莫理斯鎮國家歷史公園（Morristown National Historical
　　　Park）裡，生動的歷史解說內容有時包含了槍枝的實際示範。

圖 3　印第安納州的林肯童年國家紀念地（Lincoln Boyhood National Memorial）
　　　仿造早期的真實農場，幫助遊客們了解十九世紀初期的拓荒生活。

　　簡述國家公園系統的解說工作演進之後，現在我將回顧早期解
說工作者他們的想法和感受。理所當然地，這些教育家最早所關切
的是以自然景觀及自然科學為特色的國家公園所能提供的教育機
會。後來隨著大量古蹟及史前遺蹟的增設，國家公園系統的規模因

而擴大，雖然名稱不盡相同，但卻都敘述著美國歷史中重要的故事。然而，假如解說哲學及基本解說原則真的存在，那麼無論何時何地解說工作所呈現的本質都應該是相同的，解說工作終究還是「解說」。

圖4 遊客們與一位身穿南北戰爭服裝的解說員，在維吉尼亞州的彼得斯堡國家戰場（Petersburg National Battle-field）討論當時的戰地生活，此地為南北戰場最後的主戰場。

National Park Service, Richard Frear

圖 5、6　藉著身穿當年服裝的解說員,逼真地重現過去農莊的日常生活,掌握了歷史重現的基本解說要素。在賓夕法尼亞州的希望井村國家歷史遺址裡(Hopewell Village National Historic Site),正示範著如何製作蠟燭;而在維吉尼亞州喬治‧華盛頓誕生地的國家紀念館裡,則示範著殖民時期廚房的實際操作,兩例都運用了嗅覺、觸覺,和視覺以擴展遊客們的對過去的認識。

《研究與教育》（Research and Education）這本書是早期教育家辛勤耕耘的成果，雖然書名易令人誤解，因為解說的本質既非研究亦非教導，但是書裡參與調查的每個人都完全明白此書的終極目標，即是我們在此所稱的「解說」。從書中的個人報告裡清楚地顯示，他們知道建構解說原則的哲學基礎是存在的，舉梅瑞姆或彭勃思為例，倘若有機會的話，我相信他們必可清楚地說明解說的原則。

然而，當年這些早期的解說工作者並沒有整理出解說的原則，因為他們的目標是改善國家公園在教育面向上那令人惋惜的真空，所以一心規劃著能儘快在公園內運作的教育計畫。他們重視的是讓解說員容易理解的具體事務，因此，闡述解說原則的需求並不迫切。

上述的教育計畫雖紮實得令人稱許，其內涵亦被許多解說界的人士所理解，但是有部分人士則因「教育」（education）這個字彙而對解說產生錯誤的印象，因為許多知名的教育學者將這個字解釋為「直接且詳盡的教導」。於是，我們從許多個案中發現，當遊客被激發去自行發掘意義並加入探索的行列時，有時反而會陷入龐雜的事例中，極其精確，卻失去了解說的效果。

我接觸了許多在國家公園系統裡從事於解說的人，他們溫和謙卑地渴求能被引導著去了解事物所隱含的多元面向，進而獲得智慧，並因置身於大自然的存在感與歷史的延續性所賦予的意義價值而得著慰藉。但是，因為多次見到有人將傳遞知識誤解為解說，使我對解說的熱情凋萎——解說員本可成為激勵人心的嚮導，卻不幸成了嘮叨的說教者。

然而我們可思考梅瑞姆博士的話，探討他是如何看待「解說」：

一旦遊客自行觀察與思考的範圍越廣，那麼越能感受亨利

‧戴克【Henry Van Dyke（譯者註： 1852-1933，美國詩人、教育家、與牧師）】所言：「從奇妙提升至歡愉」。

　　成人的心智需要更多以實物為基礎的確定感，亦即清楚說明各種事物之間的關係，並明確闡釋各種觀點。

　　如果我們只研究石頭，而忽略它是馬雅文化建築遺址的一部份，以致忘了它代表此地至今仍有一個民族居住，這種現象是很危險的。

　　這令我想起最近友人告訴我的故事，他造訪納瓦伙族印第安人保留區（Navajo Reservation）最偏僻的角落之一，那裡就是你們在底契利峽谷（Canyon de Chelly）所看見的，也就是所謂的「白宮」（White House）。他無法爬上這雄偉壯麗的峽谷，因為沿途的沙子太深了，於是他們騎著馬順著那懸崖蜿蜒而行，崖上玫瑰色的岩石以超乎想像的方式反射著陽光。最後他們上到一個高處，目光越過眼前的沙地，注視著懸崖的另一端那 800 呎高的峭壁，在那些山壁底部的巨大凹穴，座落著這些被稱為白宮的古代雄偉建築。他們一行人在那兒佇立良久，凝視此一完美的創作與背後的天然美景，此時從峽谷的山麓裡出現一位納瓦伙族人，站在白宮前面的岩石上歌唱。朋友說：「這是整個旅程中最撼人心弦的一刻——人的故事搭配背後壯麗的地質景觀，再加上這位納瓦伙族人的歌聲，生動傳達了這個民族的思想與生活。」我問友人：「為何它會令你如此感動？」他沈吟了半晌後回答：「我不知道。」

　　試想，我們可否幫他找到答案？其實很簡單，難道不是納瓦伙族人的舉動活化了那幅岩上景象嗎？否則此景雖美卻缺乏生命力，因為它根本無法與參觀者的經驗產生聯結，這豈不是一個意外的絕

佳解說嗎？

　　適切的解說確實能直接保護我們的國家公園、史前遺址、古戰場，或是睿智英勇的先人所留下的遺產，而這絕非是解說功能中最微不足道的，其實這還可能是解說最重要的目的，因為那些我們無法保護的事物必將消失。我在公園服務管理手冊裡發現一段簡捷深切的陳述，它寫著：「透過解說我們才得以了解；透過了解我們才懂得欣賞；而透過欣賞我們才能加以保護。」我由衷地感激寫下這句子的人。

　　但願每一個解說員經常背誦這段美好的句子，就像歌頌我們所共同擁有的造物主那般，因為它是一種宗教情操、一種於心靈渴求上的滿足感，而這必然是我們保護自然和人文遺產最佳的終極產物。

　　了解它就不會任意去破壞它，因為當一個人真正了解時，他將明白在某種程度上，這些事物原屬於他全人的一部分。愛默生說：「我並不想對我美麗的母親（指大自然）無的放矢，也不想污蔑我柔和安樂的窩，我只是想指出大自然相對於人類的真正位置，所有合宜的教育所追求的是建立人的才具。」只有莽夫膽敢指正愛默生這位美國最偉大的哲學家和解說家，不過這回我卻必須這麼做，愛默生顯然是過於專注於人而忽略了自然，但他卻無法了解自然與人類是密不可分的，兩者其實是互為依附的一體。如果你任意破壞一件美好的事物，你也就傷害了自己，而這也是真正的解說所能發人深省之處。

　　解說，並不是陳述知識性的事實和列舉事物的名稱而已，而是去揭示萬物的靈魂——那些隱藏在事物背後的真理。解說的成效既非來自說教亦非演講，也不是透過教導，而是來自激發。

　　不久前我參加一支橫越某個國家公園的隊伍，領隊是公園裡季

節性的解說員，他是個大學教授，來自遙遠的地方，因著對此地的愛，連續數年他都重返此地。在那炎熱氣候中三小時半（實在是太久了）的旅途，他帶著大家從一處走到另外一處，我對他的解說方式（如果這也算是一種解說方式！），忽而感到驚訝，忽而惱恨。帶團時他幾乎違背了每一項公認的解說技巧，他大量使用令我反感的拉丁分類法。然而，在這酷熱且塵土飛揚的旅程中，團員雖疲憊卻亦步亦趨地跟隨著他，我開始思索為何如此？那是「愛」！這人熱愛他所呈現與描述的每一種事物，他散播著愛，並讓遊客將這種愛轉換成對事物的了解。

最後，我們站在裸露的山頂上，這個人留給了我最後的驚奇。就如旅途剛啟程時的新奇一般，他說了一個關於大地演替的生動故事，在這條路上我們所踩踏過的岩石，曾經受到物理和生物力量所影響，他繼續述說著植被如何開始生長，岩盤中如何開始出現可供庇護的小地方，接著青草、灌叢，以致樹木依序出現，疲憊的遊客們如痴如狂地注視著這片屬於我們的草原，我們的森林。在解說大地經過千萬年才創造出如此的蔥鬱與美景之後，突然間，他以折彎的指頭做出丟煙蒂的手勢，驟然總結：「但是，你只要用一根點燃的香煙，就足以徹底地毀滅它──就像這樣！」。

生動嗎？的確沒錯！過度戲劇化嗎？才不呢！這是一場完美無瑕的解說！所有在路旁所豎立的森林防火標誌，所有已出版的統計數據，所有邏輯上的保育觀念，都比不上這位解說員對他的團隊所造成的影響。我之所以稱呼「他的團隊」，因為明顯地這是一個以保育為訴求的特殊解說案例，我們並不容易擁有如此絕妙的親身體驗機會。

此例的重點仍在說明：解說並非教導，而是激發！

第六章 趨向完美的整體性

解說強調的是整體的概念，而非零碎的片段。解說應針對全人，而不是任何單一面向。

「智慧」並非了解許多的事物，而是從一些看似不相干的實物中，去感受它們根本的一致性。

——約翰・伯尼特【John Burnet（譯者註：研究古希臘哲學史的近代哲學家）】所著《以弗所【Ephesos（譯者註：位於土耳其西南岸，古希臘與古羅馬時代的重要都市）】的赫拉克雷伊多斯【Herakleitos（譯者註：古希臘哲學家）】》

在英文中，沒有其他字彙比「整體」（whole）更美或更有意義，它的原意是「康健（healthy）」。聖經馬太福音九章十二節說：「康健的人用不著醫生。」我認為這意謂著一個康健的人必須在身體與精神面向都健全。相信當每一個人回顧人生來時路，會發現大部分錯誤都導源於將事物的零碎片段誤解為其整體。找尋事物的「整體」是困難的，因此我們很容易鑽研事物的「片段」以滿足求知的快感。人們常說：「我完全懂了。」實則尚未理解蘊含在其整體背後的真理。

對我而言，解說的基本目的在於呈現事物「某一層面的整體」（a whole），而非其中無論多麼有趣的「某部分」（a part）。請留意我所提及的是「某一層面的整體」（"a" whole），而非「全面性的整體」（"the" whole）。「全面性」的整體遙不可及，而我們能

給聽眾或讀者的時間卻總是太少。一位朋友曾告訴我：「遊客有三種限制：時間、專注力，和金錢。」事實的確如此，因此，解說的重點是帶領遊客欣賞事物的整體性，而非其中的支節。

想像你正站在一位外星遊客的面前，他聽過「鳥」這種生物，但卻從未真正見過，而你對於鳥兒卻瞭若指掌。這時你可能會想告訴他，從解剖學的觀點，鳥類的羽翼很像人類的手臂、馬兒的前腿，或魚類身上類似的構造；鳥類以昆蟲為食，是農夫的朋友，但某些鳥類同時也成為獵人獵捕的對象。你告訴他許多有關鳥類的趣事，甚至引用約翰‧拉斯金【John Ruskin（譯者註：1819-1900，美國作家、美術評論家、社會改革家）】的詩句「鳥兒只不過是羽毛形成的一絲氣流。」作為唯美的結尾，然而你的遊客卻依然不知鳥為何物。鳥兒雖小卻是完整的個體，不是許多不同元件和特質的組合體，不然請你用鳥類所有的成分和特質，看看能否幫我組成一隻活生生的鳥兒。

當我提到解說必須強調「完美的整體」時，會令人誤以為我期待解說員們當力求完美——這其實是很難達到的目標。當面對一群遊客時，若解說的內容偏向於重複描述離散且雜亂的事實，將使聽眾和解說員自己都無精打采、毫無興致。我們都厭煩於陳腔濫調的解說內容，但若解說員能嘗試著傳遞這令人印象深刻的整體感，無論是出自於臨場的直覺反應或是事前的安排計畫，其內容必不流於陳腔濫調。

由於直覺式的解說並無法普遍獲得信賴，因此解說員必須秉持一解說原則，就是讓遊客抵達保護區時，不管是自然保護區、歷史保護區，或史前保護區，都能對當地留下一個（或多個）整體印象，而非許多雜亂的訊息，否則將使遊客難以明瞭此地區的精髓，

甚至根本就不知道此地為何必須被保護。我以各類保護區分舉一例說明如下：

　　首先舉大彎國家公園（Big Bend National Park）為例，此地是為保存天然美景與科學價值而設立，是一處涵蓋了沙漠、峻嶺，與河川的荒野。過去此地是作為商業發展之用，現在經國家贖回以後，須經許可方能進入與住宿，以期盼得以回復其原始風貌。這裡有大片火成岩山脈聳立於向著里奧格蘭（the Rio Grande）山谷下斜的草原上，在自然學家、歷史學家、考古學家的眼中，這裡許多有趣的事物訴說著發生於此地的故事。

　　其中一則是有關沙漠的故事，生長於低地的仙人掌其植株間距使人印象深刻，而其舉世無雙的巨大匕首形狀則令人驚嘆。龍舌蘭盤據在契索斯盆地（Chisos Basin）的邊緣，它在特定的時期裡迅速綻放花蕾，彷彿臨死前的天鵝之歌，以犧牲自己來延續其族群的生命。另外，還有一種在北美洲只有德州這裡才可見的垂懸杜松（weeping juniper），而在山峰上，則布滿較高緯度的地區才看得到的樹種。

　　關於此地這麼多的特色，遊客可能無法一次吸收，倒不如激發他的想像力，讓他思索隱藏在這些特色背後的整體性為何？藉此留下難以磨滅的印象，並驅使他主動想要了解這些生物究竟是如何不可思議地適應環境而生存。在這裡你所看到的是降雨（更確切地說應是降水）漸竭的故事，幾個世紀以來漸增的乾旱已造成此地生態許多的變遷，假如遊客來自一個年雨（雪）量有 40 英吋的地方，當地若再不下雨，其地貌及生物就會逐漸演變成如同此地一般。我並非倡導此一特殊的整體性，因為現場的解說員會有自己的看法，且比我解說得更好，我只是以此說明，這就是一種隱藏在所見事物背後的整體性。

　　讓我們再以維克堡國家戰地公園（Vicksburg National Military Park）為例，它位於富饒的密西西比河，在這內戰聖地裡有著許多自然美景，但遊客到此想必是因為 1863 年就在獨立紀念日那天（譯者註：7 月 4 日），格蘭特將軍【Simpson Grant（譯者註：1822-1885，美國南北戰爭時北軍總司令，美國第 18 任總統）】接受南軍投降而結束在此的長期圍攻。由於這是南北戰爭中的著名戰役之一，因此假如可有數小時的解說時間，而非一般短短的數分鐘，解說員仍可毫不疲憊地詳述北軍如何從河岸發動一連串攻勢，企圖奪下南軍據點，但卻都無功而返，最後，格蘭特終於成功地從陸地加以圍攻，掩護北軍成功完成一連串的軍事行動。

　　對現今的遊客而言，除了介紹軍事策略和戰術外，此戰地公園亦蘊含數種更具深遠意涵的「整體性」，例如在圍困與攻佔的過程中有關密蘇里州的故事。當時密蘇里州的第十一軍團隸屬於北軍，而密蘇里州第三軍團則隸屬於南軍，兩軍團在此地激戰，這場戰役說明了人類的悲劇：戰爭的本質是手足相殘。它也顯示相較於其他南北各州，在這被戰線分割的密蘇里州中，人們彼此間存在著更深的敵意。當時的軍團指揮是誰？部隊駐紮在左翼或右翼？如今，這些戰場資訊對研究人員以外的人又有何差別！密蘇里州的男孩們，曾經同樣嚐過從娜莉阿姨罐子裡拿出來的薑餅和甜甜圈，當時卻戮力於自相殘殺──而這，就是蘊含在維克堡國家戰地公園背後的「整體性」。同樣地，全然悲劇的潘伯頓（Pemberton）將軍，一位變節的北方人，將他整個命運投入南軍陣營，最後卻成為被迫投降的南軍將領──而這又是另一種「整體性」。

　　在亞利桑那州羅斯福水庫（Roosevelt Dam）附近有一些規模較小的國家紀念地，有一次我碰巧探訪那裡的敦杜遺址【Tonto（譯

者註：阿派奇分族的印第安人）】，當我和當地的解說員閑聊時，他很自然地告訴我：「提爾頓先生，此處的陡峭山壁是從前印第安人從田裡返家的必經之途，如今許多遊客會覺得這種生活備極艱辛，但我卻認為他們過著像萊黎【James Whitcomb Riley（譯者註：1849-1916，美國詩人）】一樣的生活。」。

National Park Service

圖1　殖民地國家歷史公園（Colonial National Historic Park）豎立在路旁的解說牌，有助於重現昔日的約克鎮（Yorktown）。

　　我回答他：「你所呈現的似乎是一種整體性。有些遊客並不在意這裡的陶器究竟是黑底白紋還是白底黑紋？也並不關切最早的美洲原住民究竟是穿越北邊的白令海峽進入北美洲，還是從他處乘著木筏來到南美州？我希望你的描述能在他們心中留下一幅整體的意象。」。

圖 2　歷史解說員利用國家紀念館裡所陳列的桑特碉堡（Fort Sumter）模型來進行解說。

圖 3　避難之城國家歷史公園（City of Refuge National Historical Park）裡，國家公園署的石匠拆卸夏威夷長城（Hawaii's Great Wall）脆弱的部位，並按照原來的形式重建它們，以避免其結構進一步地惡化。

圖 4 在弗德臺地國家公園
（Mesa Verde National
Park）裡的威熱爾高地
（Weatherill Mesa），對
於解說哥倫布發現美洲
之前的美洲印地安人石
片屋遺址，嚴謹的研究
是不可或缺的重要條件。

圖5 在弗德臺地國家公園（Mesa Verde National Park）
的一處地窖所發現的人類墓地和器物，因其揭露
美洲古文明而受到詳盡的研究。

誠如其他地方的人們一樣，史前的敦杜人也有其艱苦的日子，然而他們卻很喜樂、不虞匱乏，享受橫亙其上的亞利桑那藍天，以及無牽無掛的悠哉生活。假如把遊客置於類似的地點和情境中生活，他們必然也會同樣的過著史前生活，而且樂在其中。在那樣的原始生活視野裡，自己的家園是世界的中心，自己的小孩是最棒的孩子，自己所信仰的神就是最好的神——而這，就是隱含在敦杜遺址背後的整體性。雖然我們應該感激考古學家的辛勤研究，但考古學家當牢記，其研究方法和學術性觀點並無法套用在一般人身上。來聽聽康科特鎮【Concord（譯者註：美國麻州東部的城鎮，留有獨立戰爭的遺蹟）】的哲人所說的話：

一切對於遠古的研究，無不希望能揚棄其中所指涉的那鴻蒙未化的、野蠻的、荒謬的「彼時彼地」，改以「此時此地」取而代之。貝爾佐尼【Belzoni（譯者註：1778-1823，義大利工程師與考古探勘者）】窮極心力挖掘及測量底比斯【Thebes（譯者註：埃及古都）】的木乃伊墓穴和金字塔，直到他發現所找到的詭怪遺物原來與自己之間並無差異，才願罷休。當他感到滿意的時候……，也就是發現這個遺物原來是由一個與他類似的人所製作，而如果自己置身在那個時代，也會為同樣目的而製作，這時問題就迎刃而解了。

地理學家撒母耳‧柏格斯（Samuel Whittemore Boggs）曾提出「整體性的健全」（the wholesomeness of wholeness），當我初次思考這名詞的時候，覺得它有點過度強調「整體」，但現在我終於了解柏格斯是相當正確的。當時這位絕頂聰明的人剛從詭詐不安的商業界，進入蘊含整體感的大自然裡，那時疲憊不堪的他並無法完全

體會身處荒野中所具有的身心復甦效果；然後，當他感受周遭那純然的生命力時，開始意識到身心又恢復整全，這正是「健全」（wholesomeness）的狀態。

正如我們造訪位於維吉尼亞州東部波普溪（Pope's Creek）的華盛頓出生地，儘管所參觀的房屋並非喬治・華盛頓確實的出生地點，但從那美好與感動人心的環境中，卻可使我們感受到這位開國英雄其堅定偉大的人格。這是個解說佳例，即透過與華盛頓有關（甚或無關緊要）的事物表現出這革命領袖無畏的性格。而遊客亦會聯想到自我本身，雖然我不像華盛頓那樣偉大，但至少也能克盡本分，這正是一個全人所帶來的影響，雖然我不是華盛頓，但也嚮往著成為一個全人，這就是柏格斯所謂的「健全」（wholesomeness）與「整體性」（wholeness）。

因此，不論是在荒郊野外、歷史建築物，或是博物館裡，解說員都必須針對遊客的全人特性來進行解說，這在實際上似乎是難為的，因為常常連遊客自己也無法解釋他究竟為何至此？但如果你只是專注於考量遊客在某一方面的需求，那麼此種解說方式的成效可能令你大失所望，比方你以為遊客只是想獲取你所擅長的某些知識時，那麼你正在將他「部分化」，而一旦你未能以全人的角度進行解說時，他可能也不會對你所言的感到興趣。

然而，你若將遊客視為一個全人，了解無論是新鮮感受、紓解壓力、冒險犯難、朋友推薦、滿足好奇、追求新知、親身體驗等，都是他到此一遊的理由，那麼你的解說將不會失敗，遊客很可能希望經由你的幫助而獲得感受與啟發。我曾經告訴一個朋友，我們這群國家公園工作者的角色，有點像是鄉村旅館裡聰明的服務生，當他看到客人對著菜單猶豫不決時，他不會直接建議某道菜色，因為

答覆很可能是：「我不需要」，他會採取一種委婉的方式說：「我剛從廚房過來，看見廚師做了一道美味可口的燉肉，聞起來味道棒極了，待會兒有空時我要親自嚐嚐。」即使顧客從不曾品嚐過這道菜，他往往也會接續著說：「這道菜正是我想點的。」

晚飯後，客人深覺舒暢，心想這家旅館這麼棒，就在此過夜吧！由於他並沒有特定想做的事，便外出漫步在欣欣向榮的灌木叢與樹林間，他已經有一段時間沒能感受散步的美妙和樂趣了，此地比他所想像的還要美好，於是他頓然發覺這裡有太多有趣的事值得去探索……。

我們不須再詳述，總而言之，重點在於遊客是一完整的個體，而非一定會展現吃完就走的單調行為模式。而一完整的個體具有各種心境，若他暫時只想在原始公園的樹下歇息，仰望綠意中的藍天，那是他一時的心境，也是完整個體中的一部分，那就不要打擾他，獨處之後他自然會去探索別的事物，而解說員應該為他準備多元的選擇。

所有預備好要去滿足遊客全人心境的解說員，都應培養謙遜之心，但毋須矯揉造作得令人討厭。對一位以擁有學識為榮的人而言，真正的謙卑是一方面慶幸自己能一窺此領域之堂奧，同時也極具耐心地關切那些尚未明瞭此的人。請記得，如果你解說的是遊客所擅長的專業領域，你也可能顯得無知。我並不想說教，而是試著闡述能令人滿意與領悟的解說。

在公園、歷史遺址，和展示館中，我曾聽過遊客們提出許多令人莞爾的問題，其中某些問題乍聽下容易讓人以為他們很蠢，其實我相信這些看似可笑的提問，是由於遊客們親切地想製造些話題，希望讓解說員知道你的解說令他們讚賞。除上述特殊情形，遊客之

所以提出愚拙的問題，是因為沒有足夠的時間去思索，如果讓你的解說與遊客熟悉的事物相聯結，他們就不會提出傻問題了。

克拉克・魏斯勒博士（Dr. Clark Wissler）曾說：「每位解說員都容易高估遊客對當地背景的了解，但卻同時低估遊客普遍的智商。」我並不認為魏斯勒博士過去所言至今仍然為真，但若要呈現優質的解說，的確不該犯此錯誤。

愛默生（Emerson）曾說：「許多自然學家雖孜孜不倦，但由於採取冷冰冰的知識觀點來詮釋，因此使得其研究主題顯得僵冷而難以親近。」愛默生也如世人般地推崇「孜孜不倦的自然學家」，然而，他更想強調知識上的理解只不過是全人中的一項要素罷了，還有那宗教般的自然情懷、澎湃的熱情、了解歷史連貫性的渴望、對往事的愛戀，與感官之愉悅，這些也都是建構全人的關鍵要素。

第七章　給年幼的心

對 12 歲以下的兒童所做的解說，不應是稀釋對成人解說的內容，而需要有完全不同的做法。若欲達到最佳的效果，則須有自成一套的解說方案。

對年幼的心靈而言，每件事情都是獨特且孤立地存在⋯⋯。爾後，不同事物結合在一起，進而從同一枝幹開花結果。

——愛默生（Emerson）

我相信，當愛默生寫下「之後」的那一刻，他心中正想著大多數成年人已可精確地了解一些抽象的概念，因此「不同事物會從同一處枝幹開花結果」。但是如果愛默生活在現代，他將會欣悅於看到這些過去所沒有的自然中心、展覽館、解說步道，或其他一切專為兒童設計的傑出解說設施。在愛默生的年代，當時的教育由教科書、老師，還有那些順服的學生所組成，而對事物的直接體驗通常是不可得或不被鼓勵的。或許當時那些孜孜不倦的老師們最佳的貢獻，乃是提供了一個在教室裡正規學習的環境。

不論是國立首府公園（National Capital Parks）、庫克郡森林保護區（Cook County Forest Preserve District）、殖民地威廉斯堡（Colonial Williamsburg）、庫柏鎮（Cooperstown）、老史德橋山莊（Old Sturbridge Village），還是綠野村（Greenfield Village），如果今日愛默生能蒞臨其中的一兩處地方，參觀裡頭專為兒童設計的出色解說設施，那麼他必會同意，透過技巧性的引導，能促使「不同事物結

合在一起」的境界發生於「現在」，而非「爾後」。

舉例來說，不久前我聽到一個自然學家對數百位小學生演講，過程中他用了幾次「生態學」（ecology）這個名詞。當我讀小學時，覺得這個字很難懂，事實上我們把字尾是「ology」的字都視為艱澀難懂，而今我知道，所謂很難的那些字彙，其實就是我們對它的意涵不感興趣的字。這個自然學家對孩子們解釋這個字意味著青草樹木的社區、昆蟲飛鳥的社區、齧齒類和爬蟲類的社區，而這些生物的命運在其棲地中彼此緊密地扣連在一起。孩子們對此不僅感興趣，更被這樣的比喻和內涵深深吸引。此時，「生態學」這個字對孩子們而言，除了作為可賣弄的字彙外，更是一個簡單的名詞。我舉這例子的重點在於，對孩子們而言，生物彼此關聯的概念，已取代了生物在分類表上各從其類的傳統認知，因此，當人們還是孩子的時候，各種不同的事物已漸漸在「結合」了。

同一群孩子可能會抱怨「社會學」（sociology）或「神學」（theology）這些名詞艱澀難懂，其實他們只是對這些字彙還未產生興趣罷了。

在檢視自然中心、博物館，和其他機構中如此豐富成功的兒童解說活動之後，我覺得這第六條解說原則應該會受到普遍的認同，而將來自然地也會出現許多關於兒童解說方法或技巧的不同觀點。目前（及未來）最有成效的兒童解說方案，出現在學校團體最容易去的地方，這些地方大部分提供一日遊的行程，而少數像威廉斯堡殖民地這樣的地方，則可提供數日的住宿。

從事兒童解說活動其實也衍生出成本和工作人員的問題。關於此點，在看過目前比較大型的機構所進行的兒童解說活動後，我確信任何規模再小的保護區也具備一些設施可從事兒童解說活動。畢

竟像威廉斯堡那樣大規模的兒童解說工作是罕見的例子，而任何歷史建築物或簡陋的展示館，都可以用相當少的經費從事基本的兒童解說活動。

本章所討論的兒童界定在 12 歲以下，正如同解說第六原則所言，雖然乍聽之下會覺得有點武斷，但其實有其特殊的含意，我相信這一點應不至於被誤解。影響兒童解說工作的重要因素，也適用於青少年和成人。我們發現針對中年級學童所設計的文章內容、口語表達，以及其他的解說媒體，確實能引起大孩子甚至成人的興趣。

小學低年級的孩子學習事物名稱的速度最快，之後就再也無法以如此快的速度進行學習。在這段期間內無論我們提供再多的知識，他們也不會因而厭倦。曾經同時接觸兒童以及成人的解說員將會發現，兒童很希望獲得純粹的知識，但是大人則顯得有些反感。此一差異顯示從事兒童解說工作時，必須採取與成人解說截然不同的方式。

當然，兒童的某些特質會繼續保持數年之久，雖然隨著年齡增長多少會有些減弱，而其中一項有趣的特質是喜歡「最……」的事物。我曾經在博物館裡跟隨一群幼稚園的孩子一起參觀，館內他們最興奮的時候，明顯地是在拿起「最大顆的蛋」（鴕鳥蛋）和「最小顆的蛋」（蜂鳥的蛋），或看見懸掛在天花板上「最大型動物」的骨骸（鯨魚）。而在某個展覽室的角落裡，有一個比真人還大的雕像，我發現每一個孩子經過時都會摸它一下。我問解說員老師：「為什麼孩子們會那樣做？」「因為它很巨大啊！小孩子不會想去摸一個真人大小的雕像。」在野鳥蛋那一區裡，所有孩子的目光都被那擺放在一起的兩打蛋所吸引，解說員老師解釋說：「因為這是為數最多的一堆。」。

這種對於「最……」的喜愛聽起來很天真嗎？大人不也如此！您想想看，有幾百萬的大人津津樂道於「1888 年史上最強的暴風雪」，另外也有幾百萬的大人喜歡這些世界之最：像世界第一高峰（埃佛勒斯峰；事實上喜馬拉雅山脈有好幾座山峰只差埃峰幾英呎而已）、最巨大的蜥蜴化石、美國境內最高的地方是惠特尼山、最低之地則是低於海平面的死谷、春天最早報到的知更鳥、最小的教堂等等，假如你願意的話，一定可以找到更多類似的例子。

或許是由於兒童缺乏定性的緣故，因此他們還有一項明顯的特質，那就是渴望透過視覺和聽覺以外的三種感官（即觸覺、嗅覺，和味覺），來親自體驗生活中的點點滴滴，最明顯的就是想要知道「這是什麼感覺？」的強烈慾望。以往的解說活動並沒有充分滿足兒童以觸覺去探索自然的需求，但現在的兒童解說比起成人而言，已享有更多觸覺上的經驗。或許自然學家是最有機會運用嗅覺和味覺的，其中許多人都是經驗豐富的個中高手，在庫克郡森林保護區裡的「小紅校舍」（Little Red Schoolhouse），門上掛了個小袋子，底下的標籤寫著「請聞聞看，這是什麼味道？」，於是我不假思索地把小袋子拿下來，並聞了聞放在袋子裡的植物，這樣的動作完全出自於本能。

「它聞起來像什麼？」這是富有教育性的特殊經驗，不僅能幫助孩子或大人學習分辨物體氣味，而且能引導人們進入那由相似氣味所構成的世界，編織著或重溫一種根植於氣味的回憶。住在鄉下的孩子很早就藉著味覺或嗅覺，得以認識許多不同種類的植物，甚至是不同種類的泥土，但是現在的鄉下由於愈來愈都市化，無數的孩子只能從保護區裡的解說活動來獲得這些經驗。

除了教育功能之外，如今在解說規劃上也開始重視嗅覺經驗。

當我在庫柏鎮時，大家正討論如何讓老式的小酒館裡能忠實保留過去的酒館氣味。對我而言，在重現過去的效果上，這忠實的酒館氣味，其重要性似乎不亞於那保持完整的古老建築物與室內擺設，因為這些都有相同的目的：讓遊客深刻地感受先人的生活經驗。

在庫柏鎮的農民博物館裡（Farmers' Museum），陳列了從獨立戰爭到 1850 年代的許多農家器具，令我大為驚訝的是該館允許孩子及大人們觸摸和操作這些器具。館長路易斯・瓊斯博士（Dr. Louis C. Jones）曾頗為驕傲地告訴我，只有一樣館藏不讓孩子們碰觸，倒不是防範器具損毀，而是顧慮孩子可能會受傷。我順便問及如此做法不知是否會發生意外損壞或故意破壞，而造成館方嚴重的損失？館長說正好相反，這幾年幾乎不曾因此而導致損壞或送修。路易斯館長對展示的看法引人深思，他認為因為這些展示品具有高水準，以及該館特意營造呈現的溫情，將遊客當作客人般歡迎，會使得人們不忍心破壞。我想應還有其他因素，但這兩點必是非常重要的原因。

根據我們的觀察，孩子們願意並渴望吸收大量真確的資訊，而一旦他們接受這些事實之後，便會小心翼翼地不讓事實被人竄改。我想起曾經答應一個 3 歲女孩的要求，為她唸平安夜的故事，這是一個她已聽過數遍的熟悉故事，因此她對故事的內容記得非常清楚。當我唸到「我疑惑地看著眼前出現了一架迷你的雪橇和八隻小馴鹿」那一行時，我淘氣地改唸成「七隻小馴鹿」，突然，這位小女孩瞪著我，彷彿我說出大不敬的話，接著她以堅定的口吻指責我「是八隻小馴鹿！」面對這情況，大人也許會不以為意地帶過，不很在乎聖誕老人有八隻或十二隻馴鹿，或許這就是愛默生所言：「對年幼的心靈而言，每件事情……以它自己的方式存在著」。上

述故事也突顯出在準備兒童解說的文獻以及其他媒介時，必須耐心研究以便切合實情，目前我所認識的每一位解說員都具有這樣的能力。此外，讓我時時銘記於心的是：從事兒童解說有如一門藝術，需要非常特別的天分。

許多成人作品的優秀作家，在嘗試為小朋友寫書時，卻不幸遭到失敗的命運，而我就是其中之一。我曾受出版社之邀請寫了一本兒童讀物，結果連我自己的小孩都不捧場，雖然基於親情的緣故他們假裝看得很高興。至於為小朋友寫書時所需的這「天分」是什麼，雖然我看過很多例子，但仍舊難以回答，只好留待他人來解答。

不久前，在國立首府公園新成立的岩溪自然中心（Rock Creek Nature Center of National Capital Parks）內，我參加一位年輕的自然學家以幻燈片進行的解說，這棟原本稱為克林格大宅【Klingle Mansion（譯者註：建於1823年，如今是岩溪公園的管理處）】的老舊石屋如今已成為充滿歡樂的展示館，館內設有許多與自然相關並可親自操作的設施，且提供許多可供觸摸的物體。在這個特殊的機會裡，參訪的帶隊老師們受邀選擇今天解說的主題，結果他們選擇對大人或小孩都不容易理解的地質學，但顯然這些孩子不曾有過比這次解說更具挑戰性的經驗。事後我問那位自然學家，他對孩子們的解說何以如此成功，是不是因為他很年輕（25歲左右）？他想了一下，最後告訴我：「不是」。他說得沒錯，我遇過許多年長的解說員，包括一位五十多歲的大學教授，帶領兒童團體還是那麼地在行。我可以確定一件事：這種天分含有一項特質，是如朋友般的感覺，以及不做任何直接式的教導。這並不意謂孩子們討厭坐在教室裡的學習，而是這種現場參觀的經驗迥異於課堂的學習。現場參觀時，「故事」變得很重要，而最重要的學習因素是「奇遇」，我

想這是為什麼綠野村將孩子們在參觀前所看的簡介影片形容為「博物館本身就是一個故事」，它不僅強調博物館迷人的事實，同時也能破除因「博物館」這個名詞而來的詛咒。然而，我懷疑孩子是否會像大人一樣，非常害怕聽到「博物館」這三個字。

National Park Service, M. Woodbridge Williams

圖1　位於恐龍國家遺址（Dinosaur National Monument）裡的恐龍化石區遊客中心（Dinosaur Quarry Visitor Center），是緊靠著化石所在岩壁而建的獨一建築物。

圖2　熟練的考古人員從岩壁中挖掘出已絕跡的巨型爬蟲類化石，
　　　巧妙的利用此岩壁作為遊客中心內側的一道牆。

　　幾年前聖奧古斯丁市【Saint Augustin（譯者註：位於佛羅里達
州東岸）】聖馬可斯堡（Castillo de San Marcos）的歷史學家亞伯特
・曼尼斯（Albert Manucy）曾問我：「你是否想過，孩子們擁有可
以融入歷史情景的能力？」我的確想過，事實上孩子們的這種能力
源自於敏銳的觀察，倒是大人常視而不見。如果你曾經和一位活潑
好動的 11 歲小男孩一起散步過，因著一直被要求「你看那個！」
而精疲力竭地歸來，你將了解我所指的意思。

　　聖馬可斯堡有座從前遺留下來的攻擊堡壘，裡頭有個小型的青
銅砲砲口朝內，朝向檢閱場的方向。每一群參觀的小孩當中，幾乎

總有一兩人問到：「它為什麼會對著那裡？敵人應從另一個方向進攻過來。」但是我不曾聽過大人提出類似的疑問。而觀看那設在堡壘頂部卻沒有送上砲架的大砲，孩子們通常也是面露狐疑地問：「他們怎麼發射大砲啊？」面對類似的情形，孩子們通常勇於發問，反而是許多大人害怕發問，因為他們擔心說錯話。

National Park Service, James Adams
圖3　在已開挖的岩壁上所做的詳細研究，是解說預備工作中的一部分。

　　由於孩子們易於將自己與參觀現場產生聯結，為了充分利用孩子們的這種能力，現在有些公家機構提供學校參觀前的資料，包括簡介摺頁、解說文獻、影片，以及其他適合中高年級學生的資料。威廉斯堡已經廣泛地運用此方式，根據他們指出：「老師們發現，

會事先利用簡報資料的學生在這裡會得到更多的收穫。」若沒有事先的預習，很難有較佳的學習效果。雖然類似的做法成本昂貴，但我還是要再次地強調，無論規模多小、人手多麼不足、資金多麼缺乏的保護區，還是能夠採取類似的做法。我甚至可大膽地說，任何試圖讓過去重現的博物館、歷史遺址，或其他機構，其成效端賴對於兒童解說投注的心力。如果我們不能使那些快樂無憂，而且吸收力強的兒童對我們的寶藏感到興趣，那麼對於這些身處不安世界而感到困惑與苦惱的成人，又如何期望能吸引他們的興趣呢？

National Park Service, Zorro Bradley

圖4 在伍帕奇國家遺址（Wupatki National Monument），一家三代的遊客透過考古解說員的協助探索古印第安房舍的遺蹟。

本章中所提到我個人對兒童解說的觀察，似乎支持這第六條解說原則，而許多機構和解說員正應用這原則以發揮最大的解說效果。雖然我並不精通兒童心理學，但容我重申，我深信從事兒童解說需要非常特殊的才能，這並非指解說員不能夠同時兼顧對兒童、成人，及最難纏的青少年遊客的解說。我認為近年來青少年們被不公平地貼上標籤，甚至被視為是一群幾乎不同物種的族群。

　　在此補充說明，雖然文中我以一些正在運作的精采解說活動為例進行論述，但並不表示我偏好這些活動，在我們周遭尚有許多其他精彩的兒童解說活動正進行著。另外，從那些我無法親自參觀的機構之評鑑報告中，及它們所累積的期刊、手冊、傳單等，發現他們的成就同樣令人鼓舞。最後特此聲明，我對兒童解說活動的蓬勃發展及其精采表現的讚賞，並非貶低看輕解說員在成人解說上所持續投入的心血。

第二部分

主阿！讚美您和您所創造的萬物生靈，

特別是我尊貴的太陽兄弟，

經由您，他給我們白晝並照亮大地，

啊！他的美麗與燦爛讓我感受到您的偉大，

喔！我至高無上之主。

　　——聖方濟【St. Francis of Assisi（譯者註：1182-1226，義大利天主教徒，方濟會創使者，

　　　力主以貧窮的生活和謙遜的精神效法耶穌，以喜樂和純樸的愛德生活）】

第八章　文字

鏟子並不是因被稱為地質切割器而變得更銳利。

——諾曼・紐威爾（Norman D. Newell）

本章節並非教導如何書寫解說標誌、碑牌，或出版物，所要呈現的將是與本書前述六點解說原則相呼應的想法和實例。

我確信有一天，將有一系列的解說課程在美國四大區域依序進行，使那些在國家公園署及其他機構內關心平面解說藝術的成員們，可以共聚分享經驗、討論案例，並提供各自的作品進行觀摩及分析，並且至少安排一位在這艱深的平面解說領域上成就顯著的人士發表演講。當然，這受邀的講員必定是位不斷學習的謙遜者，因為解說藝術的複雜性使得無人能成為完全的大師。

許多年以前，由於醉心於解說的挑戰性，我努力收集及鑽研一般我們所謂的「銘文」（inscription），雖然在開始時有些不得要領。而不論是擺設在室內或室外的銘文，我特別收集的是不僅傳遞資訊，還能啟發某些深層意義的短文。

我從古希臘的銘文著手，但在此部分並沒得到任何重大的收穫，因為古希臘銘文（即使是喜劇性的）都是由極精簡的短詩所構成。然而，從這個古老的藝術形式中，有一點值得我們注意：成功的銘文在於運用少許的文字去訴說一個完整且動人的故事。舉例而言，鐫刻於帖魯模比雷【Thermopylae（譯者註：西元前480年為抵禦波斯軍隊，古希臘斯巴達軍隊在此奮戰而全軍覆沒）】戰役的紀念碑上，西末尼德【Simonides（譯者註：古希臘詩人）】的著名箴

言（任何英文譯文都只能抓住些微原文中的優雅）是值得欣賞的：

> 路過的旅人，去告訴斯巴達人：
> 服從他們的軍令，我們在此長眠。

此一敘事詩的對句對古希臘旅人所表達的意涵，正如同歷史文件記載般豐富深刻，難怪讀完此銘文後，旅人會悲傷地落淚。

　　再舉一個古典銘文的例子，如果你正好知道倫敦聖保羅大教堂（St. Paul's Cathedral）是由列恩【Sir Christopher Wren（譯者註：1632-1723，英國建築師）】所設計建築，你自然就會期待在那裡看到關於建築師的解說牌，或是一尊建築師的雕像。然而，你所看到的卻是一段簡明的銘文：「如果你正在尋找我的紀念碑，就凝視你的四周吧！」一面詳述列恩成就的五百字功名紀念碑，與上述的簡明碑文相比，顯然相形見絀。

　　關於解說牌，我們首先應考慮在整個地區的解說計畫中不同解說牌的放置處，當然它們通常是由石頭基座所構成。數以百萬造訪的遊客將由解說牌獲得對該地區的第一印象，甚至不幸地成為唯一的印象。特別是那些因科學價值而設立的保護區，一個採用專業術語而讓遊客感到艱澀難懂的解說牌，將會讓遊客對此地感到掃興。如果遊客無法立即了解解說牌或標示，那麼他將很快認定，欣賞這個地區已有些超出他的能力範圍。

　　路徑上的方向指標可以用紅色粉筆潦草地隨便寫在一片木瓦上，且事實證明路標通常能提供最重要的訊息，所以有總比沒有好。但對解說牌而言，「有總比沒有好」則是錯誤的想法。許多的案例顯示一面粗糙的解說牌比什麼都沒有還糟糕，舉例來說，如果

在靠近死谷（Death Valley）鹽湖群的一處景點，立個解說牌如此敘述著：「這是古代冰河時期曼麗湖（Lake Manly）的遺蹟，它的水位維持在距鹽層表面以下4到數尺間……」。

　　試想一位對於地質學（尤其是區域地質學）不熟悉的遊客，他將如何看待這個解說牌？這個解說牌引導遊客聯想到冰河時期，而對於那遠古的時期他僅有一些模糊的概念；至於曼麗湖，如今已從地景上消失而只存在於鹽田之下，當然也無法期盼遊客能更深入了解曼麗湖。死谷向來被認為是「地質學者的天堂」，而對於一般人，其實它也能成為一處驚嘆之地，但是，如果解說方式像上述拙劣的解說牌，死谷就不可能激起一般遊客的驚喜。

　　在南方的一個博物館展示著一箱南北戰爭物件，將手槍及其他物品上的標牌寫著「人工製品」。的確，這些物品是人所製造的，我們平時不就統稱這些物品這個名稱？但它們確實也是內戰時的遺物，不是嗎？為何取一個如此毫無意義的展示名稱讓遊客難以理解？

　　此類的例子直接引到現在所要討論的課題，即銘文創作的背後所應具備的心境與基本考量。解說文字的創作有兩個必要過程：「思考」和「寫作技巧」，而這兩者中思考明顯地較為重要。如果思考周詳而寫作技巧不美善，那麼結果絕不會一無可取，但相反地，如果思考很貧乏，即使寫作技巧是出色的，那麼結果依然是無益的，甚至是有損的。除了一些少見的巧思，我認為完善的解說銘文應來自90%的思考和10%的寫作技巧，而巧思通常是辛勤努力的反射效應。

思考

　　在準備任何形式的解說時，也許最常犯的錯誤源自於謹記「我

想要表達的是什麼？」我並非意謂解說員想表達的事物都不重要，而是思考重點應為「怎樣的解說內涵是一般遊客所想要的？」與「我如何運用簡潔、充滿啟發性與魅力的語言使遊客能立即理解？」。

我發現在寫作銘文時，如果想像是直接寫給一些熟識的人，這將有所助益。在過去那些我常公開演說的日子中，我發現在聽眾中挑出一些愉悅誠懇的臉孔，將對大眾的演講當成是直接對他（或她）訴說，如此將可助於完成較動人的演說（其他的演講者亦告訴我同樣的事），也能發展出對話式的解說風格，而非那些僵硬刻板的言語。

不須贅言地，關於有效解說的思考源自於對事物的愛及對人的熱忱。諺語說：「任何缺乏熱情的寫作，讀起來都毫無樂趣。」。

對解說員而言，想像著你所欲傳遞的解說訊息與遊客相遇時的情境是非常需要的。而作者若能熟悉銘文置放處，也有助於銘文的創作，但這並非絕對需要。此外，如果可以知道遊客必然會在某些景點提出特定的問題，如在死谷的惡水區（Badwater in Death Valley）有關地質現象的好奇提問，這對解說也將大有助益。

然而，身為一個解說員，更重要的是釐清一些核心問題：「這整個地區的主要重點為何？」、「全區被保護的主要原因是什麼？」這也正是我過去提出所謂「主解說牌」的原因，正如同有人會將「主解說牌」比喻為書本的大標題，而其他的次要解說牌則比喻為各章節的小標題。當然，並非所有地區的解說牌系統都得符合如此的架構，例如在某些區域，主解說牌也正是唯一的解說牌。至於最了解主解說牌放置地點的人應是經營管理者，在有些區域裡，管理單位總部常是適當的置放處，而在其他地區，亦有將主解說牌設置在最多遊客聚集之處。但顯然地，不論是主解說牌或任何銘文，都

不應該干擾遊客去欣賞體驗令人愉悅感動的事物。大自然和某些展示物有時能自我發揮解說功能，且更勝於解說員的解說服務，所以在許多景點是不該豎立任何解說牌。以我個人而言，就不希望看到解說牌豎立在阿加底亞國家公園（Acadia National Park）的卡迪拉克（Cadillac）山巔上。

National Park Service, Albert Razum

圖 1　由落磯山國家公園（Rocky Mountain National Park）山脊步道公路（Trail Ridge Road）附近遠眺隆斯峰（Longs Peak），解說員可引導遊客至絕佳的眺望點，然而真正的欣賞仍必須發自內心。

National Park Service, Jean Spels

圖 2　營火可追溯到人類文明的起源；一位大提頓國家公園（Grand Teton National Park）的
　　　解說員和一群露營者分享當日經歷的活動。

National Park Service, George Grant

圖 3　北加州繆爾森林（Muir Woods）的紅木林保留了太古的寧靜，有
　　　關這些活化石的研究提供了有趣的解說題材。

圖4　有時我們對地底的世界是無比的陌生，在廷潘諾哥山洞國家紀念
　　　地（Timpanogos Cave National Monument）中，一位解說員嘗試幫
　　　助遊客和自然界中的陌生事物建立關係。

　　　在擄獲讀者的心思上，有時我們會發現一個引言會比解說員自
己的任何創作更引人注目，如同在列克斯頓鎮格林區【Lexinton
Green（譯者註：美國獨立戰爭開戰處）】圓石上的民兵【Minute-
Man（譯者註：美國獨立戰爭立即應召的民兵）】銘文：

　　　前線的民兵
　　　1775 年 4 月 19 日
　　　堅守你們的崗位
　　　我們不先開火

如果他們要發動戰爭

就讓戰爭從這裡開始

——帕克隊長（Captain Parker）

　　想想看，我們現在所展現的有關美國獨立戰爭爆發的任何解說，會比這個銘文更出色嗎？

　　南卡羅來納州美麗的綠溪園（Brookgreen Gardens）是由漢廷頓家族（Huntingtons）捐贈建立之世上最大的室外雕塑博物館，在生機盎然的橡樹下，聖方濟【St. Francis of Assisi（譯者註：1182-1226，義大利天主教徒，方濟會創使者，力主以貧窮的生活和謙遜的精神效法耶穌，以喜樂和純樸的愛德生活）】所寫的這段聖詩出現在眼前：

主阿！讚美您和您所創造的萬物生靈，

特別是我尊貴的太陽兄弟，

經由您，他給我們白晝並照亮大地，

啊！他的美麗與燦爛讓我感受到您的偉大，

喔！我至高無上之主。

　　最近閱讀亞歷山大・漢寶德【Alexander von Humboldt（譯者註：1769-1859，德國科學家）】的傳記，我注意到一句話，也許當充滿恐懼及面臨挫折時會有所助益：「讓那些對戰爭的衝突感到厭煩的人……將注意力轉向寧靜的悠悠生活……並且記得世界上仍有新的生命繼續興起。」。

　　那句話在無意間觸動了我，我確信如果我在林中或青草地的隱

蔽處偶然發現了它，將會重拾我的責任感，且恢復些許的信心。所以，身為一個解說者，我得自問：「別人難道不會產生像我一樣的感受？」。

關於引用句，儘管有無數流傳許久的美好詩文，但當我們正進行解說時，必須了解一個貼切巧妙的引用句並不容易覓得。然而，如果我們絞盡腦汁依然無法構思出解說牌的內容時，那麼這時利用一個適當的引言或許是個良策。

據我所知，在伊利諾州庫客郡（Cook County）的森林保留地中展示著一個最佳的解說牌，是由鮑伯‧曼因（Bob Mann）所寫：

> 我是古老的鄉村小徑
> 現在我已經正式的淨空而封閉
> （反正我也從不喜歡汽車）
> 我邀請你來散步
> 如同昔日世世代代的村民們走過
> 並請善待我的樹木、花朵，及野生動物

這解說詩文對於那些疲憊、不安、困惑、厭倦的心靈，是種多麼美好真摯的邀請！鮑伯在寫給我的信中幽默地說，此解說詩文是「混著啤酒」而完成的。我不在乎當時鮑伯是否一氣呵成或嘔心瀝血地完成，我所確知的是──此刻討論的重點不是寫作技巧，而是思考──傑出的解說作品必須建立在長期對人與自然的純然情感和了解，並去體認人們的需求。

所以創作解說文字時，必須先對解說的情境、主題、對象，及各種限制加以深思熟慮。我認為可總結為：你必須熱愛你所面對的

解說題材，並得以引起其他人的共鳴。接著，我們將要討論的是寫作技巧，這不會太輕鬆，必經過無情的編輯和嚴峻的批評，過程中充滿了陷阱；然而，當寫出精髓時，則是一大樂趣。只是，最終的成果還是取決於思考。

寫作技巧

　　精彩動人的文章必是講求簡潔扼要。一天，一位著名的雜誌編輯對我說：「任何人都可以寫一部小說，但卻鮮有傑出的短文作家」。此陳述雖有些誇大其詞，因為並非任何人都能寫出夠水準的小說，但這仍是一個重要的事實。

　　解說牌與博物館標示等物，通常是供人駐足閱讀，但也有某些地方可讓人們坐在車裡朝窗外的解說牌閱讀。除了在公車或電車上拉吊環站立的通勤者外，人們通常不適合站著大量閱讀。我曾在藍脊景觀道路（Blue Ridge Parkway）上的一條自導式步道入口，一個設有玻璃護罩的解說牌中發現了許久未曾讀到的美好文句，由數百個手寫的大寫字體所呈現，它的文字很美，帶著屬於山與山之子民的樸素，讓我感到很愉悅。但那些遊客只是匆匆一瞥後就轉身離去，因為它太長了且又是大寫字體，除了標題，讀者並不習慣讀大寫字母，因為得承受那辨識之苦。

　　當然，對於解說文字而言，所謂的「簡潔」是相對的，在此情況下被認為簡潔的，在另一種情況下則可能顯得太冗長。一般來說，日間短暫停留的地區比那些適合長時間遊憩的地區需要更簡潔的解說文字。

　　有三種簡潔會破壞解說文字的要旨。第一種稱為電文體，即將冠詞「a」、「the」，或代名詞，甚至於名詞都刪除。不久前我看

到一個昂貴的解說銅匾，原本應可呈現令人滿意的解說效果，卻因為採用這不理想的文體而受到嚴重折損。另一種為了求簡潔，導致解說牌無法傳達足夠的訊息；這如同寫作，當我們想刪除不必要的文字時，要留心合理的文體長度仍是必須的。第三種案例，其所犯的錯誤在於思考，而不在於用字遣詞；一個解說牌理應包含對事物的詮釋，但為了簡潔的緣故，竟略去詮釋。如同我在蒙提祖瑪城堡【Montezuma Castle（譯者註：位於亞利桑那州的國家紀念地）】所見，一個解說牌寫著：「蒙提祖瑪是個誤稱」，的確，蒙提祖瑪的印加人（譯者註：位於今日的墨西哥）與此地毫無關係，但除非有進一步的解釋，否則你此時讀到的解說牌是毫無意義的。關於此例，較佳的處理方式或許是根本不應提及它，這應是屬於解說摺頁或手冊中可適當處理的訊息。

羅納德‧李（Ronald Lee）在西南部看到這篇銘文：

> 在 1680 年前一棟建築座落於此地
> 它在一場印地安大暴動中遭受摧毀
> 這棟重建的房子乃建立在當時的遺蹟上

根據我對這建築物的了解來判斷，這銘文相當簡潔且適切。

這裡有個例子是毫無生氣，且無法引起人們興趣，但加入了一些字後便營造出更生動有趣的意象：

> 這塊岩石
> 是丹尼爾‧韋伯斯特【Daniel Webster（譯者註：1782-1852，美國政治家，哈里森總統曾任命為國務卿）】在 1840 年 7 月 7

日和 8 日

於獨立黨會議中【Whig Convention（譯者註：美國共和黨前身）】向 15000 人演講的地點

由史托頓山岳（Stratton Mountain）俱樂部所立

以今日政黨的觀點，當年的集會並非政黨會議，但此點並非本銘文的重大缺點，它主要的缺失在於太過僵硬呆板，沒有表達出當年那生氣勃勃的氣氛，因為這場發生在 1840 年的政治集會，事實上是一驚人的事件。現在我們試看看是否能將此銘文變得更加生動？丹尼爾・韋伯斯特當年在這場合的演講，是如此地開場：「站在雲上，我向你們致詞……」，所以，這立刻開創出一幅群眾在高山上聚集的影像，何不用此作為開端？

「站在雲上，我向你們致詞……」

丹尼爾・韋伯斯特

政治家及演說家

在此向 15000 人演講

這些前來的人們是搭乘著運貨馬車

載客馬車

或走路

專程來參加集會

為支持「提普坎諾」哈里森競選總統

【Tippecanoe（譯者註：美國人對哈里森的暱稱，紀念他在 Tippecanoe 溪與印第安人的戰役）】【William Harrison（譯者註：1773-1841，美國第 9 任總統）】

在 1840 年 7 月

　　現今很少人知道獨立黨員究竟是甚麼，但是大部分的人曾聽過威廉‧哈里森，所以此碑文開始對人們產生意義了，15000 人辛苦地爬上一座高山為了聽一場演說，絕不會是件小事，這呈現了當時他們對政治的認真態度。

　　若可在解說牌中呈現動態的特性，總是最具解說成效，以下是一個來自新罕布夏州州立保護區佛朗哥尼峽谷（Franconia Notch）的例子：

　　深潭
　　乃經過世紀的洗禮
　　一個壺狀洞穴的形成
　　是由一個巨大岩石的轉動（turning）和旋轉（spinning）
　　於急湍（rushing）漩渦（whirling）的水流壓力下
　　在花崗岩溪床的窪穴裡

　　以上的古義大利語法當然是出自我的手筆，這些合理的字眼生動地描述洞穴是如何的形成，為了達到生動活潑，我不認為使用四個分詞是多餘的。

　　一幅畫亦有畫龍點睛之效，在美國的 24 號公路經過位於底夫德的猶特關口處（Ute Pass at Divide），有一解說牌：「遠處彎曲而行的是喀瑞伯河（Cripple River）」，文字下面畫著一個礦工與他的驢子，最下方則寫著：「世界上最讚的黃金露營區」，這個畫面使得所傳遞的解說訊息更加生動。

幽默

　　現在我們開始討論銘文撰寫中最吸引人的特質──幽默。剛開始我們都同意它的用法應謹慎、靈巧，及合宜，而幽默若用在不當之處，則是糟透了的贅物。幽默若能自然地融入人們的心境與事件中，對大多數人而言這就是一種魅力。什麼是幽默？薩克萊【Thackeray（譯者註：1811-1863，英國小說家）】認為它是愛和機智的混合。機智本身經常是尖銳與不厚道的，而幽默則是特別運用文字的妙處或透過一些巧思，帶給人滿足的微笑。在鮑伯・曼因「古老的鄉村小徑」解說牌上，那「反正我也從不喜歡汽車」正是一種幽默，鮑伯將這條鄉村小徑擬人化並讓她說出自己的心情。

　　蒙大納州公路上的路牌，具備著真正的幽默特質，能讓每一個開過此州公路的人感到愉悅，而蒙大納州也因為這些深具特色的路牌而在全國名聲大揚。其中一個路牌寫著：「在古老的日子裡，你騎著馬到各處去，而今有些人希望此地依然保有這樣的生活。」這路牌輕輕地喚醒我們所有人的懷舊之情，因為我們這些身陷世俗凡塵的人，都嚮往著有泥土與牛隻陪伴的片刻。

　　愛默生在〈文化〉一文中提到「有些人始終無法了解任何比喻、任何字句中所引申的意涵，或任何幽默；而歷經七十年接觸音樂、詩詞、修辭學和機智後，依然是極端的寫實主義者（literalists），這些人即使是醫生和牧師也幫不上忙。」。

　　你會認為愛默生是一位博學的哲學家，自然不會期待從他的口中聽到任何好笑的言談，而他似乎也的確沒說過任何好笑的話。不過，我倒是沒讀過比以下這段更幽默委婉得令人不禁莞爾的敘述，說到有位皓首窮經的學者，眉頭深鎖走入花園，搜盡枯腸想要「找

到」最合宜的文句來表達自己的想法，不覺之間彎下身來拔除雜草，這時突然發現「有棵蒲公英冒出頭來，比他更有學問」（語出《論財富》）。

銘文的撰寫應該輕巧優雅，而絕不是輕浮，你若能清楚區別兩者，則可避免使用粗野的俚語。我舉一個在魁北克讚頌蒙卡姆與沃爾夫【Montcalm & Wolfe（譯者註：1759年法英戰爭，法英兩軍的指揮官）】的紀念碑為例：「他們因勇氣而同時陣亡，也因而在歷史中留名，後代子孫在此為他們立下這紀念碑。」。

魁北克這例子有一個崇高的主題，也高明地處理銘文，但卻可察覺到它沒有採取許多悲劇處理的沉重手法，反而帶給人明朗的感覺，此例中，這恰巧來自法語部分的特質（魁北克的銘文是法文）。我承認處理這整個主題是很困難的，因其關乎語言感受的能力，如果你無法敏銳區別重與輕之不同處理手法，就表示尚未具備寫作銘文的資格。

我建議下列的銘文可適用於一些沙漠景點，一間孤立的旅店被沙漠的植物所圍繞，在這當中並不存有任何幽默的理由，我們希望創作出一個含警示意味的故事，而其筆觸卻不致讓人感到沉重：

> 沙漠是一位嚴厲的母親，重視公義勝於悲憫。經過許多世紀的生存，這些圍繞你的植物已發現可免於因燥熱和乾旱而死的自我保護方法。請注意它們這些不同的生存方式，而同樣地，如果你想要平安地待在沙漠裡，就必須學習在沙漠中生存的智慧。

此段可扼要地總結為：當你能運用輕巧的筆法寫作，而避免濫用幽默時，大概就可寫出帶著輕巧筆觸的幽默。

第九章　重現過去

他總是抱持著此信念：研讀歷史對人生的規劃確實有極大的助益，而在某種程度上，他認為歷史比哲學還更有幫助。哲學以文字教導人們，歷史則藉由案例刺激人們，並且讓人們分享過去的時光與事物。

——加森諦【Gassendi（譯者註：1592-1655，法國哲學家、神學家）】所著《皮爾斯的生活》（Life of Peiresc）

雖然沒有任何一個荒野型保護區不與歷史產生某些關聯，但本章著重的是國家公園系統中的史前遺址及歷史地區，以及其他許多公家及私人所經營的歷史聖地。在這些地方，解說員努力讓過去重現，使遊客與值得懷念的人、事、物間建立起生動的關係。

每年探訪原始型公園的數百萬遊客當中，往往是那些願意在某種程度上仿效拓荒者經驗的遊客，才能充分欣賞未經破壞的自然，雖然這些遊客僅體會到極小部分的拓荒生活，而過程中亦缺乏拓荒者當年所遭遇的艱辛與危險。舉例來說，相較於在道路上漫遊的遊客而言，那些願意離開人群聚集處，取道進入偏遠鄉間的露營者，無疑地才是所謂真正的「參與（participate）」。在本章後續的內容中，我們應更謹慎的來看「參與」這不易理解的字。今日，即使是那些在荒野生活中嘗過絕對自由樂趣的少數英勇人士，他們所面對的困難，也遠遠比不上昔日山中居民和法國探險家篳路藍縷的生活，當年拓荒者所遭遇的嚴峻環境讓現代人留下了深刻的感受。

那些因人的作為而變得聞名有價值的地方，總是流傳著關於勇

氣、犧牲、愛國、政治才幹、創造發明、風俗民情、農事耕作，或是因著理想而至死蔭幽谷的武裝軍隊間的衝突……等故事，所有這些故事都提供遊客各異其趣的經驗。這些地方或是風景優美，或是巧奪天工的工匠手藝，或是精緻堂皇的陳設；但是，不論是雕樑畫棟，或只是在荒涼之處的簡陋木屋，都告訴了我們一件事──它們呈現了人們生活的一幕。因此，當解說員正向遊客介紹一座具備歷史意義的房舍時，他將會努力賦予這棟房舍「人味」。我們可以欣賞讚美許多具獨特意義的建築與室內陳設，但是，必須試著更深入地掌握一種解說的藝術，避免讓這些建築看似從未有人居住過，進而使整棟房舍的生機都凍結了。

史前遺蹟必須傳達一種意象，讓遊客想像著曾居住在那裡的先人或許當天晚上將會回到此處，再度展開生活。該處將有一些剛碾磨妥的穀物、有著孩子們的哭聲、戀人的情愛，與豐盛的晚宴；而這些都只是我的想像，我努力想傳達的是一種栩栩如生的感覺。以同胞相殘的美國南北戰爭戰場為例，它並不僅是展現戰略戰術的地方；它也並非視軍隊攻防如棋局對奕般；更不是一個做決策的地點而已。戰場是充滿著人們的想法和行動、理想與回憶的地方；它是男人們在決戰前夕談笑歡唱的地方；它是一個屬於「人們」的地方，而不是屬於「軍隊」。因為我們美國人並非是某一特定軍團的後代，我們都來自一般的男人與女人。

如果你參訪位於麻薩諸塞州昆西（Quincy）地區迷人的「亞當斯（Adams）之家」，你將會看到一棟歷經許多世代居住過的建築，這是個極特別的家族──他們是徹底的個人主義者，也是不求名利、不向社會價值觀妥協的知識份子。而位在奧勒岡的「約翰‧麥克勞夫林之家（John McLoughlin，譯者註：十九世紀統治奧勒岡區

域的皮毛公司老板，1951年成為奧勒岡市市長，他為十九世紀遷入奧勒岡的移民慷慨提供許多援助）」，則是「奧勒岡之父」的居所，他也是位個人主義者，但卻與亞當斯家族如此不同！而在海德公園【Hyde Park（譯者註：位於美國紐約州，十九世紀末起許多富有的工業家與金融家在此建屋定居）】中，座落著范德比爾特豪宅【Vanderbilt Mansion（譯者註：二十世紀初期由富有的范德比爾特家族所建立的豪宅）】和羅斯福的住所【Roosevelt（譯者註：Franklin Roosevelt，1982-1945，美國第32任總統）】，每一棟房子都深深地刻劃出某個時代的生活方式。但無論何時何地，在這些已獻給人類歷史的地方，解說的目標仍然不會改變，希望讓遊客看到或認識到的不僅僅是一棟房屋、一處遺址，或一個戰場，而是曾經有人生活過的屋子或遺址、一個煙硝味和廝殺聲瀰漫的戰場——雖然那些戰場上的人們是無奈地穿上軍服。我曾經被一個畫面所震撼：在美國南北戰爭中一支被擊敗的南方聯邦軍隊，衣衫不整、隊伍零散地緩步通過在路旁土丘上站立的南軍軍官面前，這些士兵鼓起尚存的士氣勇敢地向長官敬禮。這支隊伍幾乎沒有人是穿著完整的制服！我對自己說：「這就是真正的戰爭！」。

所有富理解力的解說員都知道理想的解說意味著：「重現過去，並將現在與過去連結起來」，但要達到此境界並不容易，甚至困難重重。讓遊客能親近展示事物並建立與之聯結的關係，在執行上相當困難，因為展示品通常是容易毀損的，許多建築亦無法承受不當的使用，而許多珍貴無可取代的事物更是不容破壞。經營管理的通則其實並不存在，有些在某處可被容忍或被鼓勵的行為，但在別處卻可能讓破壞加劇。但是，若情況能被允許，為了讓遊客留下生動的印象，我們仍應繼續思考任何能重現過去的解說方式與媒

介。在解說的領域中，如何真實生動地重現過去，常被討論的兩種方式分別是「示範」（demonstration）和「參與」（participation），將在後續的文章中討論，並另加入第三種方式進行探討。

National Park Service, William W. Dunmire

圖 1　皇家島國家公園（Isle Royale National Park）裡的解說員正向這一家人解說如何安靜地觀察野生動物，眼前出現的是一隻雌麋鹿。

National Park Service, Bill Keller

圖 2　黃石公園（Yellowstone）內的導覽步道。

National Park Service, M. Woodbridge Williams.

圖 3　布萊斯峽谷國家公園（Bryce Canyon National Park）裡的觀景臺。

National Park Service

圖 4　白天聽完有關解說布萊斯峽谷國家公園（Bryce Canyon National Park）的特色之後，
　　　夜間的營火晚會是介紹其地質和生態背景的良好機會。

示範

　　約翰・梅瑞姆博士（Dr. John Merriam）曾經引用一則在中世紀

所發生的故事，其重點是再多的理論與描述都不及一個簡單而恰當的示範。這個故事是一群中世紀的科學家聚在一起，熱烈討論一匹馬所擁有的牙齒數目與特徵，儘管引用文獻與匯集證據，討論依然沒效率地持續進行，直到某人突然建議，他們何不走出去找一匹馬來瞧瞧。

「示範」，其實就相當於「找一匹馬來」的動作。你可能會用好幾頁的篇幅來描述，或是冗長地敘述，小溪如何帶動水車的轉輪，再帶動磨坊的磨子磨出麵粉來。儘管如此，我還是很難體會這些過程是如何發生的，直到親眼見到那些位於藍脊景觀道路（Blue Ridge Parkway）的梅布瑞家磨坊（Mabry's Mill）、華盛頓州的岩溪公園（Rock Creek Park），或印第安那州湧泉磨坊州立公園（Spring Mill State Park）的磨坊操作過程，才滿足了我的好奇心。請記得我們的國家已經極度的都市化，以至於現在數以百萬的大人和孩子們從未見過擠牛奶的過程。

在麻薩諸塞州的索格斯河畔（Saugus River），鋼鐵協會（The Steel Institute）將美國第一座建造成功的鋼鐵廠，在其原地忠實的複製與重建以作為展示之用，除了可參觀實際的設施和建築物，每隔一段時間（因為必須節約用水），遊客還可觀看到軋鋼機實際運轉。而在庫柏鎮（Cooperstown）完善的農人博物館中（Farmers' Museum），數以千計的遊客雀躍地注視古早時代亞麻線如何被梳開與編織，以及蠟燭製作的過程；而為了讓人印象深刻，在附近的一小塊地種植著亞麻。

在聖奧古斯丁市（Saint Augustin）的聖馬可斯堡（Castillo de San Marcos）頂端，遊客可以看到一些古老的大砲橫臥在屋頂上，砲口對準著港口，但顯然有些展示物件被遺漏了，因為如此擺設的仰臥

大砲是無法發揮任何軍事功能。而當我上次再度參觀這個精巧的古西班牙要塞時，經管理單位努力籌措基金在砲臺上完整安置一些古老的大砲，並且以必要的設施展示砲火射擊的過程，這已成為最具啟發性的解說示範。

　　同樣在聖馬可斯堡，另有一個令人印象深刻的實例，使單純的示範轉變為實際的參與，讓遊客同時經歷「示範」和「參與」兩種解說方式。在早期西班牙統治時代，該堡壘中的儲藏室是以一個設計精巧的三段式大鎖封鎖著，之前的導覽員都會在儲藏室的門口暫停，示範著如何將門鎖上，這時參觀的遊客總是興趣高昂。有一天，有個小小的實驗進行著，當導覽員示範之後，便向團體中的一位遊客說：「來吧，你自己試試看」。這樣的解說明顯地是具有感染力的，雖實際參與的只有這團體中的一位，但其他人都感覺到他們也正幫著他上鎖。由一個簡單的小變化，產生了這意料之外的「副產品」，這是其中一位導覽者告訴我的，他說：「經歷了門口這實例示範，使得在後段的導覽行程中，遊客和我的距離似乎更為拉近了。」。

　　我曾經在亞利桑那州鳳凰城的沙漠博物館（Desert Museum）見過一個設計精巧的示範設施，以解說沙漠植物如何因應炎熱氣候所可能導致的脫水現象。該館大多數展示所使用的解說方法只是一般常見的口頭敘述與出版品，但是，此解說設施以一棵活生生的仙人掌作例子，讓它部分的根系曝露在外，隨後插入一支溫度計以顯示仙人掌如何在熱空氣中保持內部溫度的恆定。這是最有效的示範，相信在其他保護區中也能發現許多可運用實例示範的解說良機。

　　在大彎國家公園（Big Bend National Park）裡，納特・道奇（Natt Dodge）帶給我一張彩色幻燈片，內容是一個墨西哥工人站在一叢

名為萊丘葛拉【Lechuguilla（譯者註：一種生長在德州乾燥地區的植物）】的植物當中，他背著一個用這種植物編織而成的背包，那是原住民世代以來所使用的物品（就像繩索、韁繩之類的東西）。最有效的解說方式之一，就是示範原住民與我們開拓西部的先人如何使用環境中所能找到的素材，創製出他們所需要的物品。若能示範萊丘葛拉的真實製作過程，這將是更完善的解說，但是，因管理上的困難，導致許多展示主題最終只得被迫放棄這「實例示範」的解說方式。

　　我可以列出許多在國家公園或其他解說機構的傑出解說示範案例，但我想強調的是我們並沒有充分把握實例示範的機會。很遺憾地，實例示範在任何解說地點總是不足的。毫無疑問地，偏狹的視野通常會降低解說示範的可行性，而金錢與人員的不足也妨礙這類優良解說設施的發展。儘管如此，我相信在許多解說地點，如果能具備豐富想像力並慎重評估可行性，即使只擁有一小部分的資源，依然可規劃呈現出許多的實例示範。

　　經由以上的討論，所有的解說員應已了解「示範」這詞的涵意。接著我們將討論常被使用的詞：「參與」

參與

　　在解說領域中，如同「解說」這個詞一樣，「參與」需要一個合理且容易被接受的定義。我之所以認為需要「合理」，是因為解說員們對「參與」的重要性尚未建立起共識，但我們可以完全認同的是「參與」這詞所代表的意義，是有助於喚起遊客對於自然史與人類史的意識與感受。我的目的並不是探究這個詞的定義，我只是認為我們在使用同一個詞的時候，應確立相當的默契。

字典並不能幫助你釐清「參與」的意義，「參與」在解說領域中是具有特殊意義的，所以理應被視為一個專有名詞。唯一有助於釐清「參與」意涵的是解說案例的討論，包括那些我們都公認具備參與性質的案例、會引發不同看法的案例，及大多數人都認為根本不具備參與性質的解說案例。

　　對我來說，在解說範疇裡，「參與」基本上必須是身體力行的；若你略去了身體力行，將「參與」定位為全然的心智活動，則已經超出了它原本的意涵。「參與」意味著不僅是參與者身體的活動，同時也必須是一種新奇、特殊、重要的經驗。我不相信一個狼吞虎嚥吃著布丁和鱈魚球的人，能夠真正地想像他正參與感受著當年科頓‧馬瑟【Cotton Mather（譯者註：1663-1728，新英格蘭清教徒、神學家，他創辦了耶魯大學並努力推廣疫苗接種以預防天花）】在波士頓鄉間的清教徒生活；而另一方面，我相當確定當遊客搭乘著平底駁船經過國立首府公園（National Capital Parks）老舊的切斯皮克與俄亥俄運河時（Chesapeake & Ohio Canal），必能深刻感受到那股重回往日的喜悅；他會看著小型拖拉機拉著船纜，經過水閘，想像著自己是一個來到坎浦蘭【Cumberland（譯者註：位於馬里蘭州切斯皮克與俄亥俄運河旁的歷史小鎮）】的旅者，或在甲板上悠哉地閒晃，並在泊船之處欣悅地向人們打招呼。

　　相反地，幾年前有一位最高法院法官帶領某團體徒步走過切斯皮克與俄亥俄運河，這就沒有達到「參與」。這是一個令人發笑的舉動，因為這個運河在過去全盛時期是很平凡的運輸管道，大概只有驅趕牲口的人才會步行而過。

　　當我看到威廉斯堡（Williamsburg）的馬車道路時，感覺路同其名一樣的溫文雅緻，然而，這些都不是想像力豐富的小約翰‧洛克

斐勒（John D. Rockefeller, Jr.）所說的真正參與。他為阿加底亞國家公園（Acadia National Park）規劃建造此運輸道路的目的，乃是為了重溫那屬於馬匹和四輪馬車的古老歲月，讓遊客懷著悠閒愉悅的興味行經可愛的鄉間，並暢快地瀏覽這一大片未經破壞的自然美景。唉！可惜這個計畫實現之前，馬兒已經變得快要滅絕了，而出租馬的索價也太高了。

在亞利桑那州的蒙堤祖馬堡（Montezuma Castle），若讓遊客爬上層層階梯到達懸崖上的古建築，這絕對是真實且鮮明的參與經驗。然而，當事實顯示這座脆弱的建築遺蹟已無法承受過於頻繁拜訪的遊客時，只好讓這種生動的參與經驗消失。但是，早期開拓者在奧瑞岡所留下的車道，以及從納齊茲古道【Parkway of the Natchez Trace（譯者註：十九世紀的印地安人從美國密西西比州納齊茲至田納西州納什維爾徒步形成的古道）】的許多景點所延伸而出的迂迴步道，則至今仍可使用。而在煙斗石國立紀念地中【Pipestone National Monument（譯者註：Pipestone，北美印地安人製造煙斗用的泥質泥質岩石）】，我想若能讓遊客獲得一根仿好幾世紀前印地安人利用同樣材料製成的煙斗，煙管中塞入「克尼克尼」【kinnikinick（譯者註：北美印地安人用樹葉和樹皮製成的菸草替代品）】，或是隨處可得的山茱萸樹皮，將可提供好奇的遊客真正的參與經驗。

某天我參訪國立死谷紀念地（Death Valley National Monument），當我正凝視著一口 1849 年遺留下的著名水井時（譯者註：1849 年有兩支移民隊伍在死谷盆地中迷途數周，其間靠著死谷中的湧泉而存活），一個家庭開車抵達。有個大約 15 歲的女孩拿著一個馬口鐵的杯子到池子邊，盡力彎身汲取一些水後，便歡欣的暢飲，我想這行動對她個人而言正是一次重要的參與。

在此我以一個科學雜誌上所提及的經驗為例，並不是因為它與解說參與案例直接相關，而是因為它呈現出那極致的參與，使我們對「參與」的各種面向有了更深的認識。該例如下所述，有兩個丹麥的考古學家，對於原始人如何使用石斧來砍樹，及如何處理後續的焚燒與耕種（原始的焚墾農業），感到十分好奇，於是細心進行一次實驗。他們使用從沼澤地所挖掘出的史前石斧，實際將大樹砍下，然後再焚燒、墾地，與耕種，在過程中他們發現到劈伐是如何進行的，正如同使用目前的鐵斧一般，石斧靠著自由擺動所產生的打擊力來劈伐樹木，然而，必須使用輕短的敲擊才不會傷到石斧。毋須更進一步地描述這實驗，我已覺得這真是一個典型的有始有終的參與（如果你觀看著他們的實驗過程，那就是一次實例示範）。

對於參訪考古地區的遊客，如果能讓他們手上拿著玉米粒，有著可將玉米粒碾碎做成餐點的古老器具，我想毫無疑問地遊客們都會樂於參與操作。我希望這樣的解說機會能更慷慨地提供遊客實際的參與，遊客不一定非得使用祖先遺留的工具，因為墨西哥人現在仍大量製造並使用這些仿古器具，但我也知道在西南部仍存有大量的古器具，足供我們作參與體驗數世紀之久。

整體而言，藉由「參與」帶領遊客進行歷史之旅的解說機會，總是極其有限。我想強調的是，「參與」和「示範」是解說活動中極珍貴無價的部分，我們必須盡力開展可資運用的各種可能性，並且把握任何現存的機會。

另外還有另一種有效的解說方式，我稱之為「賦予生機」（animation）。

賦予生機

　　如果你不喜歡「賦予生機」這個詞，或許你會比較喜歡叫它「地方色彩」（local color）或是「氣氛」（atmosphere）。我喜歡用「賦予生機」這個詞來形容事物，因為它是給予生命、鼓舞、活潑氣氛的意思。同樣地，名詞定義並不是那樣的關鍵，重要的是我們都能夠了解這活動的內涵與功能。

　　在一個星期六下午，當我剛從華盛頓越過波多馬克河（Potomac），走入「阿靈頓公館」【Arlington House（譯者註：即考司提斯——李宅第，由喬治‧考司提斯所建造）】時，屋內有人正在彈琴，彷彿就像真的有人住在這棟曾庇護過考司提斯家族與李氏家族【the Custises and the Lees（譯者註：考司提斯家與李家是美國南北戰爭時代兩個重要的家族，結為姻親）】的歷史宅院裡一樣！我曾多次造訪此地，總欣悅於它那美好的維護。事實上，我從未感覺它是冰冷的建築，但是就像其他許多珍貴的遺址一樣，為了維護內部珍藏物的完整，因此宅內大部分房間只能從房門外觀望，這就是為了保護遺物所必須付出的代價。

　　但是現在，我覺得這棟房子充滿了人，不只是像我一樣的遊客，還有那些享有充分權利留在屋內的人，因為這是他們的家。在一間客廳裡，一位 1860 年代裝扮引人注目的女孩，正彈奏著那時候流行的曲調，猶如考司提斯小姐（Miss Mary Custis）的鄰居少女坐在古老的鋼琴前演奏。一切的搭配都恰如其分，而我欣喜地發現大部分的遊客並不覺得突兀，這是種完美的協調，是可被遊客接受的重新創造。

　　在「阿靈頓公館」有一個「聖派特瑞克節慶典」【St. Patrick's

Day Celebration（譯者註：St. Patrick，愛爾蘭的守護神）】，或許現在有人覺得那慶典與此歷史建築一點都不搭調，只因他們忽略了在那一天，當愛爾蘭爭取自由成為重大的政治議題時，喬治·考司提斯【George Washington Parke Custis（譯者註：1781-1853，美國陸軍上校，自小被美國第 1 任總統華盛頓所收養，阿靈頓公館的建造者）】同情愛爾蘭的事實。他寫了一首頌詩獻給〈年輕的愛爾蘭〉，陳述許多自己的觀感，施展他素有的充沛活力於熱烈的爭辯之中。事實上這個慶典與此歷史建築相諧，它幫助這棟建築充滿了人的氣氛，這就是所謂的「賦予生機」。

在威廉斯堡殖民地（Colonial Williamsburg），為了幫助遊客體驗往昔，許多妥善規劃與施行的解說設施正恰當地展現「賦予生機」的氣氛。其實在我們周圍所有的活動中，也存在著許多可運用這類解說方式的機會。

對祖先留下的遺產懷有一份深遠的覺知，是我們面對未來不可或缺的精神要素，藉由將過去保持成一個生機昂然的實體則可幫助我們獲得此覺知，這正是一種力量。我記得有天與羅納得·李（Ronald Lee）聊到我走在內布拉斯加州西部與懷俄明州的奧瑞岡古道上【Oregon Trail（譯者註：美國西部拓荒時代，移民西岸的西北部著名古道）】因參與而得到的歡愉感覺，接著，羅納得以一個西部人的身分說：「但更豐富的是它帶給我深刻的認知：西部是我們宏偉的整體與襲產中的一部分，它給予我們一種歸屬的感動。」。

在我最喜歡的書當中，約翰·梅瑞姆的《栩栩如生的過去》【The Living Past（作者註：梅瑞姆在本書第五章所描述那位在底契利峽谷裡站在白宮前面岩石上歌唱的納瓦伙族人，正是我所謂「賦予生機」的絕佳範例）】，其書名為我們描繪了一個解說的理想境界。

第十章　不要過多

　　過多的聲音令人震耳欲聾；過多的亮光讓人目炫不已；距離太遠或太近都使人不易看清；演說太長或太短都令人晦澀難懂；過多的真相則讓人不知所措。

　　——巴斯卡【Blaise Pascal（譯者註：1623-1662，法國數學家、物理學家、哲學家）】

　　「不要過多（nothing in excess）」這諺語被認為是由古希臘的幾個「智者」首先提出，但事實上它的起源可追溯到更久遠，也許是當原始人嘗試著倉促嚥下一大塊長毛象肉的時刻。

　　幾年前我的鄉下小屋需要木造瓦片時，我經驗到「不要過多」這有益的忠告。當時，我從鄰居當中雇用了一個經驗豐富的老木匠來做木瓦屋頂，但接著我雄心壯志地自己嘗試用雙手釘敲出一方木瓦屋頂。老木匠以他那充滿經驗的眼神看著我工作一陣子，然後說道：「你是否能接受一點忠告呢？你現在的工法，將使木瓦屋頂散裂，決不要再施予釘子那最後的輕輕一擊。」。

　　當我參觀任何一個保護區、公園、博物館，或歷史建築的過程中，聽到言語解說或讀到一段解說文字時，偶而我會想起老木匠他那親切樸實的談話。我看到許多例子，由於「施予釘子那最後的輕輕一擊」，使得一個原本美好的解說受到折損。例如，已充分敘述卻還看不到結尾的解說摺頁；壓垮駱駝背的最後二十張彩色幻燈片；充滿熱忱的解說員他那再一個「最後」的想法；對所有事物懷著「我們實在不能遺漏它」這想法的博物館——所有這些「多餘」

都來自於可敬的解說意圖。但是，解說員必須從遊客的觀點來審視他的工作，他必須將所有導致遊客不肯前行、容易脫隊、興趣缺缺的因素做一全盤考慮，特別是針對遊客不熟悉的主題。

關於「最後的輕輕一擊」，我想到一個相當滑稽的例子，在一間擁有豐富特殊收藏品的博物館，這些收藏品是由一位具文化品味的製造商所提供。這博物館是棟美麗的建築，免費開放給大眾，由於它是如此重要的教育資源，此城市的學校當局規定所有孩子在學年中的某些特定時刻都必須前來參觀。

不幸的是幾乎所有這些年輕學生進入大廳後，首先看到的就是一幅畫作，這幅畫確實是名作，畫作主題與其他展示品也不致顯得格格不入。但問題出在畫中的主角是位袒裸的美麗婦女，畫作本身雖無粗俗的氣息，但孩子畢竟是孩子，更何況是正處於青春期的中學生，而那一天我就看見一群年輕學生們圍著此畫作，彼此搔著胳肢窩格格地笑。從教育觀點而言，這情景顯示這幅名畫完全失掉其展示意義。

造成此結果的原因很簡單，畫作的收藏者認為它是上乘的藝術品，而它的確是幅名畫；他覺得這幅畫適合展示，而它的確也是夠水準的；他也確定這幅畫符合博物館的大眾化主題，此觀點也是對的；但是他並不能忍受捨去它，而這次他錯了，因為這幅畫是多餘的，若沒有它，整個展示的效果將會更好。

在華盛頓的拉法葉廣場（Lafayette Square）有一座獨立戰爭的科塞斯柯（Kosciusko）紀念雕像，他是一個為美國獨立而戰的波蘭人，的確值得在國家首都中受到紀念。但是，在雕像的基座刻著此段銘文：「在科塞斯柯倒下時，『自由』發出尖叫」。當科塞斯柯為爭取自由而倒下時，擬人化的「自由」可能會感到榮耀、尊敬，

和悲傷，但使用尖叫兩字太不恰當了。此段碑文可能引用自湯馬斯·坎貝爾【Thomas Campbell（譯者註：1777-1844，蘇格蘭詩人）】的詩集《希望的快樂》（The Pleasures of Hope），當它置於原來的整首詩作中而被視為一種「不拘」時，還勉強可以接受，但擺放在銘文當中，它只能被視為一個因「過度」而造成的錯誤。對於銘文的創作，特別是在處理崇高的主題時，應避免使用易產生不莊重聯想的字彙。

在解說銘文中，我們應該更謹慎的使用諸如「英雄」之類的字彙。「人們」的確如此常被形容是「英雄」，但是，最好告訴遊客這些英雄們的作為，遊客將因此更不容易忘掉他們的英雄事蹟。當遊客想到這些英雄氣概與作為時，心中所產生的英雄形象，將遠勝於僅被告知「他們是英雄」時的感受。「他們以寡敵眾，但他們堅守陣地」，在這句子中，雖然並未使用「勇敢」這個詞，反而更彰顯他們是勇敢的人。

在本書另一章節我曾提到，以「美麗」一詞稱呼一處景點並不能使它更美，反而在某種程度上，你會適得其反。同樣地，多餘的語詞也會產生反效果，讓我們追求那屬於簡約陳述的迷人力量。

在我的筆記中記載著一段文句：「……那令人讚賞的克制，來自於良好的品味與對所探討事物的充分了解。」我不確定這段句子是出自己意或是抄寫自他處，但無論如何，它是中肯扼要的。如此令人讚賞的克制來自於解說員能深刻地感受，且清晰地思考解說工作的本質。

當我們解說時，可不要犯了如商業廣告般那浮華俗氣的可笑錯誤，因為當它面對具判斷力的人們時，將失去解說的功用。假若你形容某地區具備了阿爾卑斯山的莊嚴及英國山村的寧謐，並且富涵

如羅瓦河河谷般【Loire Valley（譯者註：法國第一大河）】那燦爛的歷史及西藏的神秘氣氛，我會回應你絕沒有這種鬼地方！即使真有此地，我也應該要避開它，而且我會將你的解說摺頁丟進廢紙簍中。

　　關於本章所討論的「過多」，許多的陷阱會使我們犯錯，在此我只能針對一般常犯的錯誤提出一些警告。但即使只有這一丁點兒的警告，我也深覺難為，因為本書的寫作風格幾乎完全著重於建設性的肯定主張。但魔鬼總是出現在我們的周邊，引誘我們再秀一下技藝。無論如何，當不確定時，就說「不」吧！這世界絕不會因你的克制而遭受太大的損失。

Jim Ayres

圖 1　本書作者對於解說所提出的原則之一是「根據知識而帶出的啟示」；這是大煙山國家公園（Great Smoky Mountains National Park）遊客中心的詢問臺。

National Park Service, M. Woodbridge williams

圖 2　原本不為遊客所知的大自然特色，透過解說之後有了嶄新的意義，就像阿加底亞國
　　　家公園（Acadia National Park）的冰河遺蹟一樣。

圖3　「美」，以它自己的方式存在著，毋須任何的解說。但是隨之出現的問題是：「隱藏
　　　其後的是怎樣偉大的自然力量啊？」此時正是解說員的解說良機。此圖是從杜威點
　　　（Dewey Point）遠眺優勝美地山谷（Yosemite Valley）。

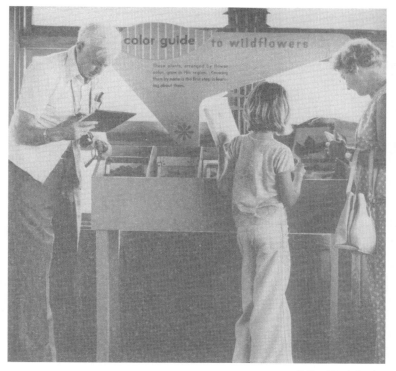

National Park Service

圖 4　這是自助式的解說，藉由木框內的乾燥標本，幫助遊客認識在維
　　　吉尼亞州和北卡羅來納州之間的藍脊景觀道路（Blue Ridge Park-
　　　way）的植物名稱。

　　《麥高菲讀本》【McGuffey Reader（譯者註：麥高菲是一位長
老會的神職人員，也是一位教育家，而他所創辦的《麥高菲讀本》
在 1836 年發行，銷售數量超過一百二十萬本。一個世紀以來，此
書強化了美國道德的精髓）】時代的孩子們，學習乘法時常唱著：
「倍增就是煩惱」，而事實也的確如此，更不用提那些只擁有很多
令人困惑之收藏品，卻沒有任何專業解說人員的博物館。

　　我們的博物館運作方式正逐漸在改善中，然而即使在一些較現

代化的機構中，仍有一個趨勢——只在乎數量，一個可笑的例子就是宣稱擁有 2000 隻短吻鱷的佛羅里達動物農場。短吻鱷是一種有趣的爬蟲類，我想牠們是相當多產的，正如同天竺鼠，數量會很快地倍增，然而，這也僅僅是一個動物養殖場，並無法稱為一座博物館。當人們處在渡假的心情中，或是想打破長程汽車旅行的單調無趣，那麼 2000 隻的短吻鱷將很可能是解悶的適當數目，而假如短吻鱷的數量降至 1900 隻，那還真令人大失所望呢！

　　當我參觀紐約庫柏鎮（Cooperstown）的名人紀念館（Hall of Fame）與棒球博物館（Baseball Museum）時，看到排列在展示箱中那數量驚人的簽名球，卻使我立刻回想起短吻鱷。我很喜愛棒球這項良好的運動，但對我而言，這展示卻難以突顯出棒球的重要性與特殊性。當我參觀時，倒覺得這展示也許放在含括我們所有競賽項目的美國運動博物館（Museum of American Sports）還更恰當些。我的重點是：僅僅增加親筆簽名的棒球並不會提升遊客對此展示的興趣。好啦！現在我已身處危險的處境，因為棒球狂是會以肉體傷害來威脅裁判的熱血傢伙。

　　上述關於棒球展示的檢討，也同樣適用於攪乳桶、三角鐵架、皮革與印染布、錢幣、郵票、蓋章證書，或任何其他上千種物品的展示，良好的展示應能表現出這些收藏物品的特殊性。

　　另一種「過多」將導致焦點模糊。最常見的例子發生在一般生活中，朋友們受邀在傍晚時刻到喬治與艾莉絲家裡，沉悶地看著投影幕上那由喬治與艾莉絲所拍攝的片子，可能是幻燈片或錄影帶。即使是攝影生手拍攝的第一卷彩色底片，也可能有一些好片子，如果喬治與艾莉絲能仔細地編排他們所放映的片子，這晚的聚會將會好些。可是在喬治與艾莉絲眼中，所有的片子都是一樣的重要，所

以這些可憐的觀眾所看到的影像，從後院的野炊到海岸風光、從妹妹所生的嬰兒到牽牛花、從鳥兒的戲水盆到秋天的楓紅，結果就像是雞尾酒般令人眼花撩亂。你雖然看了所有的東西，卻等於什麼都沒看，這就是焦點模糊所造成的麻木。

剛剛我舉了家庭生活中一個可笑且極端的例子，但是在幾年前，我參觀了一棟保存妥善的歷史建築，一位名作家曾居住在此建築物中。當這位作家在國外某處旅遊時，寫了一小段話：「這個晚上我們全體都去馬戲團。」根據這個獨特的線索，在屋內展示著一個馬戲團的迷你模型，它是一個非常精巧且迷人的小馬戲團，但是它適合擺放在屋內嗎？如果此作家年輕時曾是位與巴寧【Barnum（譯者註：美國著名的馬戲團高空鞦韆表演者）】搭檔的高空鞦韆表演者，那麼此馬戲團模型的出現才會是合宜的，這又是一個焦點模糊的例子。

在一些景觀公園中，另一種「過度」是設置望遠鏡的癖好，通常是藉著將錢幣丟入投幣口來操作，且由販賣店業者負責維修（這些望遠鏡經常故障且常將錢幣吃掉），以幫助遊客將遠處的景物拉近到眼前。對於一些特殊景點，如座落在遠處的奇特地質岩層，非得仰賴望遠鏡才觀看得到，這時望遠鏡的設置便能令人稱心。但在一般情況中卻不然，望遠鏡減少或剝奪了遊客以肉眼與想像力來欣賞一大片壯麗風景的機會。何以在該處設置這個觀測點？當我們投下硬幣，為著我們所看到的遠方黑點到底是石頭還是樹而爭論時，怎比得上遠眺大山大水時的感動！

藝術製圖人形容那些過於繁複細膩的圖畫有個暱稱——「太忙碌了」。我有一個朋友，雖然是位成功的雜誌插畫家，卻始終很難去改變自己天生愛忙碌的個性。有一天，當我遊蕩至他的工作室，

他對著我說：「我昨晚上床前突然想著，如果有一天我被丟棄在太平洋的荒蕪小島上，並且只能帶一個工具，你猜我最想要的工具應該是什麼？」「一把小刀？」我提供了一個不很出色的答案。他回答：「不，是一塊橡皮擦。」。

第十一章　美的奧祕

完美需要讚美嗎？當然不！比法律更不需要，比真理更不需要，比仁慈更不需要，也比謙遜更不需要。

——奧雷利斯【Marcus Aurelius（譯者註：121-180，羅馬皇帝、斯多葛學派哲學家）】的《沉思錄》（Meditations）

解說員在美學的領域上必須小心謹慎，就如同畫家作畫時不應該為百合做過度的修飾，因為這不僅破壞了百合的美，也等於向世人坦承他自己並不了解自然之美。

雖然許多優雅的散文歌詠讚著「美」感，但是「美」並沒有一個適切的定義，「美」真是暨抽象又真實。伯納德‧鮑桑葵【Bernard Bosanquet（譯者註：1848-1928，英國美學史家）】如此詮釋著普羅提諾【Plotinus（譯者註：204-270，埃及哲學家）】對於「美」的思考：「美，存在於一切事物之內，透過人的五官知覺可以感受的形式，象徵瓦古長存運作不息的定律。」康德【Kant（譯者註：1724-1804，德國哲學家）】也發現，當面對「美」（崇高的事物）時，「我們先感受到震撼，接著會深深體悟到自己的渺小，而後將感受到極大的喜悅。」。

當你嘗試描述心中對「美」的感受時，「美」確實是既真實卻又難以捉摸，它可能是人類生活中不可或缺的元素。

做為一位在美學領域小心翼翼的解說員，我決定摘錄愛默生（Emerson）的一段名言：「對充滿智慧的心靈而言，大自然從來不會是毫無價值。花朵、動物，和山脈，賜予了心靈最佳的智慧，

一如孩提時代這些事物所帶來的純真歡樂一樣。」。

舉例而言，如果我們正引領遊客體驗提頓山脈（Teton Range）的雄偉，就不可能做出或說出對此體驗不敬的事。這些高山群峰深知如何為自我解說，它們以一種全人類所共通的語言訴說著……。

任何事物，不管是高山、湖泊、水晶、切賓代爾式的家具【Chippendale（譯者註：英國名傢俱師切賓代爾設計的家具）】，或者英勇的行為，都不會因為人稱之為美而增添光彩，但有關美的感受卻總是令人驚喜。有時我們會把國家公園裡一些美麗地方稱為「啊！噢！」，因為遊客常會不由自主地發出讚嘆，來表達他們內心深刻的感動。

因此，使用解說牌來描述任何具體事物的美感是不智的，因為你不僅是魯莽地侵犯了遊客的審美能力，同時也成為遊客與景物之間的干擾。然而，類似「美正環繞在我們的周遭」這類語詞的使用卻無傷大雅，因為說話的同時，你正在營造一種氣氛；此外，這類概括性的言語容易讓大多數的人接受，也讓每個人保有尋覓「美」的自由。

因此我認為，解說員對於「美」的價值將可掌握得很好，如果他能努力做到以下兩點：首先，盡可能創造出最佳的有利地點，使人們能看見或領悟「美」。其次，是盡力謹慎地營造一種心境，也就是能引發共鳴的氣氛。

也許正如同羅納德‧李（Ronald Lee）的建議，上述第一點（即盡可能創造出最佳的有利地點，使人們能看見或領悟「美」）其實是一種解說原則，我並不否認這想法，事實上也許真是如此。只是我傾向將此點視為如設計、管理、規劃、造景、築路之類的工作，比較不喜歡將它視為解說原則，但無疑地此類工作對於解說是極為

重要的。同樣地，雖然在荒野型公園、博物館，或歷史建築中，上述所提關於「美」的兩項要點（即創造那「有利地點」與營造「適當的心境」）各有其不同的影響程度，但都可加以運用。

在解說所有關於美學的事物時，我發現任何言語或文字解說都比不上靈巧地去營造某種氣氛，而且應強調其整體性而非零碎的片段。至於其他細節，則交由規劃師、景觀師，或建築師去處理。小約翰・洛克斐勒先生（Mr. John D. Rockefeller Jr.）深具敏銳洞察力，並能驚喜於自然美景，卻可能失之於創設過多的觀景點，以致破壞了自然景致。但是，我想他的原意是合理且慷慨的，而這正反映了他的人格特質。

對於那些僅能憑感覺（或最好用感覺）來體會的事物，我們實在毋須試圖加以解說。

南卡羅萊納州有個稱為綠溪園（Brookgreen Gardens）的室外雕塑博物館，是由兩位傑出的業餘者（即漢廷頓家族）所設立，位於一座老舊農場裡，陳列著人文與藝術方面的雕塑作品（第八章中曾引用溪綠園裡一段巧妙的解說銘文）。我曾在此度過數小時快樂的時光，深覺此地似乎是毋須解說的佳例——無論是言語上或其他型式的解說。遊客在參觀時雖然偶爾會有所不解，但這些都與「美」的特質無關，況且從摺頁裡就可得到答案。最奇妙的莫過於綠溪園具有自我解說的功能，這兒的氣氛和美景本是當地原有的特質。

然而在愛達華州阿克（Arco）附近的月世界國家紀念地（Craters of the Moon National Monument），便需要內行的解說來協助遊客了解它的美感和奧妙。我認為這裡很美，之所以稱它為「美」是因為依照約翰・拉斯金【John Ruskin（譯者註：1819-1900，美國作家、美術評論家、社會改革家）】的想法——「合情合理」是美的首要

元素（作者註）。若我的鄰居認為這些騷亂的火山形態並不好看，我將不會和他爭論，因為那不過是我們對於「美」所下的定義不同罷了。

National Park Service, Jack Boucher

圖 1　沼澤地國家公園（Everglades National Park）境內架高的
　　　蛇鳥步道（Anhinga Trail）具有三種目的：在不易接近
　　　的環境中提供有效的解說、提供遊客便利的設施，以及
　　　保護脆弱的野生生物群落。

National Park Service, M. Woodbridge Williams

圖2 國家公園署的一位教練正協助一群遊客準備探索處女島國家公園（Virgin Island National Park）令人驚奇的水底。

月世界國家紀念地呈現出陷入苦悶中的自然，岩漿不再受到束縛，從地底翻騰湧出，噴發至地表上，冷卻後形成了這令人驚奇的形狀。由於大部分的人認為「美」惟有透過眼睛才能感受，因此，解說此處火山爆發的美景是極具挑戰性。他必須引領遊客領會大自然中那不變的特性，此特性可稱為有條不紊的秩序，或稱為完美的

第十一章 美的奧祕

135

互補。然後，解說員必須創造一個生動與令人興奮的故事，來闡述大自然如何維持那不可思議的平衡，此平衡使得在地球結構中因火山爆發而失去的重量，將於其他地方補回，以維持目前地球軸心的位置。

National Park Service, M. Woodbridge Williams

圖 3　實地示範的山地工業和手工藝，向來都是有效的解說媒介，這是在維吉尼亞州藍脊景觀道路（Blue Ridge Parkway）的瑪伯立磨坊（Mabry Mill）所操作的高粱莖碾磨。

圖 4　藍脊景觀道路（Blue Ridge Parkway）的遊客品嚐以傳統方法烹
　　　調的蘋果奶油。

　　同樣地，陡峭的峽谷是一部由侵蝕與沈積所構成的史詩，雖然
侵蝕與沈積通常不被認為是一種美，但卻可藉由地質史詩的呈現方
式來表達它的美感。有時候我會認為幾乎所有我們嘗試去解說的事
物，無論室內或戶外，最後都將歸入美學的領域。以達科塔（Dakota）
移民所蓋的茅屋為例，由於先人們充分利用周遭的材料來建造，因
此它所呈現的不僅是社會歷史的一部分，更展現著某種型式的美
感。我曾經在大彎國家公園（Big Bend National Park）裡見過一棟建

築物，它主要是以乾燥的龍舌花莖與仙人掌莖搭蓋而成，屋頂則取自河堤上的雜草，難道這不「美」嗎？當我們依賴那些靈巧發明的同時，往往也正創造出十分醜陋的事物。

如同許多重現往日鄉村生活的迷人建築物一般，我發現打鐵鋪真是個充滿美感的地方。鐵匠不停地以風箱送氣，使無生機的煤炭放射出艷麗的紅光，火花在槌頭敲打下四處迸濺；肌肉結實、穿著樸素的鐵匠熟練地運用最簡陋的工具從事創意性的工作。這一切是如此的美好，它不僅是過去的歷史，也不只是溫柔懷舊地重現過去，而是比這一切都更加的深刻：這是一個人工作的意志，是與他周遭生命（甚至與沈睡在地底下的礦石）的親密關係。

解說員當言簡意賅地清楚表達上述這一切深刻感受，但前提是他自己能感受到這種美感。當然，由於解說員擁有專業的知識，因此能體會得更深更廣，其實對於美的感受力是種本能。解說員藉此感受，以及他的閱讀與研究，對所有解說的事物「一以貫之（single science）」（套用蘇格拉底的說法）；不論你稱它為愛戀，或美麗，或某個你覺得較不矯情造作的語詞，給予遊客的都是超然物外的心靈感受，或許可稱之為感動。

假如我正在籌劃一座博物館，不管是展示礦石或其他事物，我會在遊客踏進大門時，讓他看見某個美麗但沒有任何解說標誌的展示物。如果它確是卓然的美，在當下其名稱一點都不重要，而那些對它想了解更多的遊客，在館內其他地方自然可得到他們想要的資訊。我會在它四周保留寬敞的空間，好讓任何物品都不能與它的崇高地位相比擬。雖然我並不是博物館的專家，因此若得規劃整座博物館，我恐怕難以勝任；但我還是確信之前所提的兩點主張，即解說應協助遊客產生特殊心境，與盡量創造有利解說的地點。

達爾文（Darwin）當年雖然是以科學家的身分造訪巴西，但從他的文章看來，他倒像個遊客：「從這些壯麗的景色裡指出獨特的物體是非常容易的，但卻不可能適切地說明那更高層次、能豐盈並提升人類心靈的讚歎、驚奇，與熱切之情。」。

　　如果學科學的人能夠有這樣的體會，進而充分地利用國家公園或任何提供解說的保護區，最終必能帶給人們精神層面的提升。然而，除非能與「美」偕行，否則是無法達成上述的終極目標，而解說員主要的職責，並不在於扮演老師，而是成為遊客探索「美」時的夥伴。

（作者註）

　　亞里士帕斯【Aristippus（譯者註：古希臘哲學家，認為主觀的快樂為倫理實踐的唯一基礎，人生的最高目標在於得到感官上的快樂。）】問：「那麼，馬桶可以算是美麗之物嗎？」蘇格拉底回答：「當然囉，馬桶在天神朱比特（Jupiter）眼中確實是個美麗的東西，而金製盾牌卻可能反為醜陋之物。凡事物按其特性而行便是美好的，反之則形於醜陋。」──色諾芬【Xenophon（譯者註：公元前 431～約前 352 年，古希臘歷史學家、軍事著作家，哲學家蘇格拉底的弟子）】所著之《蘇格拉底言行回憶錄》（Memorabilia）。

第十二章　珍貴無價的元素

　　猶如一首偉大的詩作，大自然運用最少的素材產生最大的影響力，包括太陽、樹木、花朵、水和愛，這就是全部。真的，如果觀者的心中缺乏愛這個元素，整個環境對他而言就像是一幅拙劣的畫，太陽只是直徑很長的巨大球體，樹木是好柴薪，花朵則依據雄蕊的數量來分類，而水，也只是溼的。

　　──海涅【Heinrich Heine（譯者註：1797-1856，德國詩人）】

　　所著之《哈爾次山遊記》（Die Harzreise）（作品）

　　亨利・詹姆士【Henry James（譯者註：1843-1916，美國小說家）】在其異於自我風格的作品《一段法國小旅程》（A little Tour in France）裡，幽默敘述著他在普羅旺斯（Provence）的卡薩松那堡（Cite' of Carcassonne）參觀時，有關「解說」的一段體驗：「當我和我們那訓練有素的嚮導分開個別行動時，不容否認地，心中湧起一股釋放的快感，他傳遞訊息的方式讓我聯想到瓶裝礦泉水的製作過程。」逃離嚮導身邊之後，詹姆士「犒賞」自己單獨地再度漫步於城堡間。

　　我們彷彿看到那位嚮導在前面聲嘶力竭地解說，我們也遇過類似這樣的嚮導，也許比較好些，也可能更差，但在法國並不是所有的嚮導都如此。我憶起曾參加一個探索石灰岩洞穴的旅遊團，那位親切優雅的嚮導在解說上犯了兩大缺失而不自覺。第一項缺失，他犯了背誦台詞的毛病，當開始進行解說沒多久就忘詞了，這令這位嚮導困窘，但對他的聽眾而言則更糟，因為我們不僅與他一起難

過，更為他感到悲哀。在那令人苦悶的停頓之後，我們的嚮導說：「嗯，我再來一遍……」，而這次他過關了。

然而第二項更是致命的缺失，他所從事的是缺乏愛的解說。如果你深愛所解說的事物，也對前來參與並享受其中的人懷有愛，便根本不須辛苦記憶任何事物；因為你愛它，不僅願意費盡苦心了解它，也能在生命中俯拾皆是的美感中體會它獨特的美。如此的熱愛當然易使你對這獨特解說工作懷有過度期盼，但當你更了解解說時間的限制、人們的吸收能力，和解說內容的適切安排時，這過度期盼的困擾將可迎刃而解。

在更深入討論之前，必須清楚解釋什麼是我所謂「對人的愛」，我所指的並非博愛，也不是那些被誇大的人類美德。在解說員長久的工作生涯中，難免會遇到惹人厭的人、難相處的人、難教育的人，還有一些其存在理由顯然只是為劊子手提供工作的人，當然這些人只占極少數。一個領受過毒藤苦頭的人，可能會覺得這種惡毒的植物支配了整個環境，而實際上在整個豐富茂盛的植物世界中，它只占了小小的空間。

解說員必須堅持被尊重地對待，不自貶，也不假作謙遜。謙遜並不是震懾於所接觸的事物，而是因為注目在完美的追求上而自覺渺小。

的確，對人的愛不須多愁善感，解說員應該如此地去愛：永不止息的去了解人們，體悟縱然他們有許多缺點、是多麼輕率無知，然而他們並不乖僻，人們的存在並不是為了讓解說員受苦。「好啦，因著上帝的恩典，我去！」一位主教如是說，當他看見死囚們一步步走向刑場時。

撒母耳‧科爾里奇【Samuel Taylor Coleridge（譯者註：1772-1834，

英國詩人）】的詮釋，使得和你們一樣需要深思的我，更明瞭解說員該如何看待遊客，他說：「如果你不理解一個人的無知，你將會對他所理解的一無所知。」。

第一次聽聞此說法時，我承認這聽起來像是玩弄文字的語言把戲，但後來我漸漸明白這概念是解說的基要真理。解說員可以輕易地依據自己的經驗印證這概念，那些向解說員尋求服務的遊客，對於所參觀體驗的事物，鮮少具有任何專業知識，甚至缺乏一般相關的常識。他們的來訪經常是因著無目的的好奇心，或要消磨時間，或排遣無聊，而我們必須了解和深思的不是他們外顯的無知，而是其無知的原因。

和一般人相比，我們這些投入自然保育工作的人的確很幸運，天天所接觸的都是我們最喜歡、最激賞的事物。當我寫這篇文章時，才剛從一個聚會回來，參加的男男女女都來自博物館和歷史建築領域，那是充滿雀躍欣喜、洋溢著迷人氣質的臉龐！多麼專注的志趣！討論是如此的自由，對於不同的意見，大家視之理所當然，以微笑相待。你真認為這是平凡世界裡的常態嗎？你難道不曾覺察事實上世人大多常感到他們在錯誤的人生道路上漂泊，並痛苦地認定一切都太遲了，已無法回到當初那人生道路抉擇的關口？

你無法改變這個事實，然而你可以去了解它，從而在職責範圍內藉由解說那些你所保護的珍寶，使這些苦悶的人們從中獲得欣悅，這可是個大挑戰呢！必使你的聽眾至少吸收一個陌生的觀念，而這觀念將幫助他培養出令其受益無窮的興趣。

都市規劃家卡羅‧費斯（Carl Feiss）參觀歷史建築物時，發現很多人都會提出同樣的問題：「這個地方還是原家族所擁有的嗎？」所有的人幾乎多少都有這敏感的特質：對延續性的渴望，不論是財

產的所有權、家庭或種族的延續，或是促使迷惘的人類與其所見的物質世界產生關聯的那些微妙事物。

因此，當解說員理解遊客「無知」的原因時，他已經準備妥當去處理遊客的「理解」了。然而遊客的理解通常是廣泛豐富的，乍看之下似乎與解說員的了解與感受毫無關聯，實則不然。舉例而言，當我帶領幾百人參觀聖奧古斯丁（Saint Augustine）的聖馬可斯堡（Castillo de San Marcos）時，在那旅遊港口的導覽室裡，透過身前這些遊客的眼神，其實並不難觀察自己的解說成效。有個人似乎一直興趣缺缺，直到我提及此地的建築材料是採用自海灣另一端安娜史塔西亞（Anastasia）島上大量開採過來的貝殼石灰石，這個人突然拋出一個問題給我：「它們是如何砌合在一起的？」幸好，我懂「砌合」這名詞在建築上的意義，我向他解釋當時的建築者使用的黏合材料就是唾手可得的細沙和牡蠣殼，從那一刻起，他開始對此碉堡感興趣了。稍後他走近對我說：「我想多了解建築史這領域，你可以建議相關的書籍給我嗎？」他是一個建築師，而我碰觸到他的領域，走進了他所理解的世界，而從此他也邁入了建築史的大道。

關於「對人的愛」闡述已相當多了，現在該討論解說員所必須擁有的「對解說主體的愛」。托馬斯‧卡萊爾【Thomas Carlyle（譯者註：1795-1881，英國作家、歷史家、哲學家）】寫道：「若欲真正的理解某一事物，我們必須先愛這個事物，同它一起共鳴，也就是純然地與它產生關聯。」愛真是至高無上的珍貴元素！

我想到已過世的法蘭克‧賓克里（Frank Pinkley）所寫的一封信，他是國家公園署西南區國家紀念物（Southweastern Monuments）的第一任處長。雖然無緣認識這位賓克里「老大」，可是我知道他

是一位令同事們印象深刻的工作熱愛者，大家都很喜歡他，當他的同事們提到他時，都帶著淚汪汪的雙眼和輕微顫抖的聲音。以下是賓克里對於一位剛去世部屬的一段描述：

當我知道國家公園官員加伯瑞·索夫路斯基（Gabriel Sovulew-ski）再也不能活躍的消息時，我很震驚……對他而言國家公園永遠存著驚奇，他曾經領我做一趟地質旅行，沿著河谷彎延地走到開普頓（Capitan）山的山腳下。我們坐在那兒大約有三、四分鐘，沈默不語，將酒一飲而盡，然後，他說了一句我永難忘懷的話：「你可以盡你所知去談論峽谷如何形成，但那只是自然科學的盡頭，和全能造物主的開端。」。

那存在於自然世界中必須透過心靈看穿表象才能體會的萬物競生之美，那非語言所能補捉的奧妙，那眼前朦朧的物象，藉由解說員的點化，頓時有了活生生的精魄，令人可以與之遇合——對於這一切，我們的虔敬之情油然而生；而這種虔敬之情正是有愛融入的解說所喚起的。

國家公園巡邏隊裡有一位老計時員「白山」史密斯（"White Mountains" Smith），以爆發性的方式表達他的愛。湯姆·文特（Tom Vint）有一回搭史密斯的車經過傑克生洞穴（Jackson Hole）的上方路段，突然間史密斯轉離車道至矮灌木茂生的路肩，然後跳出車，拉著湯姆往外走，他伸展雙臂比劃著地平線上那舉世無雙的提頓山脈【Tetons（譯者註：美國西北部著名的國家公園）】，不禁讚嘆：「天啊，湯姆，那真是美！」史密斯日復一日看著那由鋸齒山峰構成的山脈稜線，卻從不厭倦。他的愛讓他每一次眼目所見都是嶄新的美，即使他的表達方式是比較粗獷的，不需要我的提示，你們也知道史密斯的虔敬，和賓克里「老大」的朋友加伯瑞·索夫路斯基

所表達的是不分軒輊的。

　　不論是處在原始的自然環境中，或戰地，或印地安部落遺址，或是曾庇護某家族長達兩世紀半之久的房舍，解說的原則都是一樣。倘若解說員能如卡萊爾所言「純然地與它產生關聯」，就能使歷史建築物、廢墟遺址，或戰地充滿「人味」。藉著愛的魔力，在荒野型的公園裡，解說員可以在遊客的心中醞釀出一種生機昂然、蠻荒原始的感覺，猶如當年開拓西部時，勇敢的獵人和探險家們在危險卻快樂的冒險中，第一眼所看到的景像。

　　在這向來需要許多特定想法和行動的解說領域，我希望能避免引導讀者走入太過考究的氣氛裡。但是，我一再地發現蘇格拉底（Socrates）的洞察有助於真正的解說，我準備冒險做一引用。蘇格拉底提及女先知黛娥緹瑪【Diotima（譯者註：相傳蘇格拉底的哲學觀點有一部分是從黛娥緹瑪而來）】如此告訴他，但蘇格拉底常喜歡半開玩笑，我覺得黛娥緹瑪就是他自己：

　　愛不僅僅是對美的渴望，它是人類有限生命中追求永恆不朽的本能……一個人若具備真愛的本能，並能在各樣事物的表象之內洞察其與真實之美的關聯，必能穿透層出不窮的物象，鑑照出含蘊其中統攝一切事物的原理。他會因此驚識一種奇異的、遠超過人的面貌體態所能表達的美，這美是絕對的、樸實的、超拔的，而且永恆不絕……。

　　倘若我自誇完全了解蘇格拉底上面這段話的意思，那就有點不誠實了，我深覺翻譯柏拉圖作品的喬伊特【Jowett（譯者註：其1871年翻譯出版的牛津版柏拉圖著作全譯本，是目前流傳最廣的英譯

解說我們的襲產

本）】偶爾也會困惑於其中。或許希臘人有某種不存在於這個現代社會中的智性觀點，但我已心滿意足於感受這如此睿智的真理。

「Physis」這個字在希臘人的思維裡，歷經了許多的改變，直到它的意思相當於現在我們所說的「自然」。我確信這麼多世紀以來，「解說」這個字也歷經類似的轉變過程，以包含更寬廣的思維，並符合新的需求和應用。

從以上引述的黛娥緹瑪話語中，至少對於當前階段的解說，我看到一種相似性。即從事解說時，我們從相關或非相關的事例開始，並努力推衍出一個具啟發性的通則，最後又進一步簡化成一個能夠涵容所有狀況的陳述或是感觸，因為它能與我們的保育工作所追求的共同旨趣及所有遊客的經驗產生呼應。

因此，我在這本書開頭提到的六個原則，也許最終可歸納為單一原則（就像蘇格拉底提到的「統攝一切事物的原理」），如果真是這樣，我深切地感到那唯一的原則就是「愛」。

第十三章　關於小妙招

阿基米德【Archimedes（譯者註：紀元前約287-212，古希臘數學家、物理學家）】：「給我一個槓桿支點，我便能移動整個世界。」

提奧奇尼斯【Diogenes（譯者註：紀元前412-323，古希臘哲學家）】：「移到別的地方，它會更好嗎？」

使用「小妙招」（gadget）這個字彙，我並無不敬之意，因為我正在利用一個小妙招撰寫這篇文章，我應該謝謝它省下我用手費力夾住鵝毛筆寫作的麻煩。有時我會認為，最好的著作都完成於仍使用針筆或大頁紙的時代，但若真是如此，這應是近代作家式微之故。由於本書重視解說原則的思索勝於措辭的優美，因此對文筆似乎沒有那麼要求。

在解說界必須面對的現況是小妙招已被應用在解說工作上，而且未來其應用程度會更深廣。然而即使在未來也不會出現任何電信裝置，其解說效果能比得上人與人的直接互動，因為面對面時不僅是聲音的接觸，還包括了手勢、眼神、偶然卻意義深遠的即興表演，以及特殊情境下自然流露的情感。雖然不會有人否認上述的說法，但我們都知道以解說員的有限人力是無法與眾多的遊客進行直接互動。不管人們喜歡與否，未來將會發展出更多（希望是更好的）、且讓我們得不斷學習操作的機械裝置，以大幅增進解說效果。

這裡提及的小妙招，明顯地指的是更多自動放映機、更多的音響設備、更多的錄音機及卡帶、更多遊客自行操作的設備，以及更多運用專業技術的生動動畫等等。

我其實有些擔心這個主題當作本書的獨立章節是否恰當？因為我知道某些人的思考、編寫、言談，或親自表演所傳遞的事物，不是任何機械裝置可比擬。事實上即使再完美的電子設備，也總有缺失。電子輔助裝置是無怨的工作者，它甚至會重複你的呼吸吐納、猶疑、笑語，或差錯，如果我想拼出cat，但卻在打字機上鍵出kat，這並不是機器本身的問題。

　　在研究解說的漫長過程之中，我已跋涉數千哩的路途，並造訪了各式各樣的保護區，對於目前使用機械解說裝置所抱持的看法，或許對解說有所助益，說明如下：

1. 無論多精良的機械裝置，也比不上一個成功的解說員（我不予深入探討此點，因為幾乎人人咸表贊同，不過它是一個很好的開端）。

2. 良好的機械解說裝置，遠勝於沒有解說員。

3. 良好的機械解說裝置優於解說員拙劣的表現。

4. 笨拙的機械解說裝置，相較於拙劣的解說員，前者效果更差。

5. 使用笨拙的機械解說裝置未必能發揮效果，甚至可能比毫無裝置時更差，對遊客有所虧欠之外，還可能造成許多負面影響，就像強迫一個人接聽無意義的電話一般浪費時間。

6. 在設置任何機械解說裝置前，都應該事先確定這些裝置是否能適當、持續，且迅速地提供遊客服務。不論它們正常運作時的效果是多卓越，一旦故障了，它們就會成為羞愧及懊惱的來源，也成為大眾的負擔。

　　不久前我參觀了一個市立博物館的地質展示區，其內設有一組精選的螢光礦物存放於不可透光的櫥櫃裡，我像孩子般地喜歡這可愛的標本。但是這個裝置失效了，我求助一位員工，他以謙恭卻又

十分無奈的語調說：「它很容易故障。」他的表情清楚地說明這個設備已經損壞了一段時間，而且可能需要再一段時間後才能修復。其實只要將這螢光礦物存放在漆黑的地窖裡，就能立即欣賞到它的熠熠光輝。

National Park Service, Jack Boucher

圖 1　路旁的展示牌吸引遊客進入坎斯山谷（Cades Cove），這裡曾是遺世獨立的田園聚落，如今是大煙山國家公園（Great Smoky Mountain National Park）的一部分，一些原有的家庭被允許繼續留在此地放牧，並向遊客示範古老的山地技藝。

圖2　一位坎斯山谷（Cades Cove）的居民示範以傳統方式製作家
　　　具。

圖3　加農砲是很好的展示物，尤其
　　　當解說內容包括模擬的射擊訓
　　　練時。此圖攝於加州的波特碉
　　　堡國家歷史遺址（Fort Point
　　　National Historic Site, Califor-
　　　nia）。

National Park Service, Bill Clark

圖4　一群小學生參觀位於華盛頓特區的弗雷德里克‧道格拉斯家園（Fre-
　　　derick Douglass Home），透過解說員的眼睛認識該區的自然環境。

National Park Service

圖5　身著制服的解說員在華盛頓特區的林肯紀念館（Lincoln Memorial）
　　　裡與遊客接觸。

　　我曾經參加一個國家公園舉辦的營火晚會，第一天由於擴音器
發生故障，使得遊客們等了半個小時以上，我發現因為參加營火晚
會的這些人都極具耐心，並且對解說內容深深讚賞，所以他們才會
出現在這場合。營火晚會的每一個節目都令我深感興趣，所以接連
兩個晚上我都參加了，但是機器仍存有相同的問題，以至於晚會的
進行依然延誤。我突然想到其實根本不需要擴音器啊！擴音器的音
量既不易控制，也令聽眾不太舒服，而大夥兒圍成小圓圈即使沒有

使用擴音器，每位演講者的聲音還是很清晰（其中兩位解說員運用所精選的幻燈片，令人稱賞的傳達）。我們雖不能因此過於強調任何擴音器都是禍害，然而，當空間不是太大時，一般的演講者只須適度訓練，就可輕易地傳達其聲音。由於此一主題已有許多文章探討，我不須再次強調。

最後，倚靠機械解說裝置還要避免落入一個險境，有位解說員曾向我透露，他樂見自動化科技的來臨，因為「這樣我就有更多時間可從事研究」，但研究顯然並非解說工作首要的目標。希望這說法不會被解讀成解說員不應致力於研究，相反地，倘若他具有研究才能，當然可從事有助解說的研究工作。我僅是想指出此解說員所言不是使用機械裝置的正當理由，目前解說實務的領域中最迫切需要的不是研究，而是直接面對遊客的口述解說。

我們只認可機械解說裝置是具效能的替代方案，是強化解說的輔助器材，因為它們並無法取代面對面的接觸互動。

第十四章　快樂的業餘者

　　「業餘者」是個討人喜歡的字眼，意象著一種適意的面貌，當我們愉快地談到「他是一位業餘的愛好者」時，腦海中立刻浮現一個快樂的人，就像慷慨且面帶微笑的米西奈斯【Maecenas（譯者註：羅馬時期的文藝保護者）】一樣，生活並沈醉在美好的事物中。

　　但是怎樣才是真正的業餘者呢？最重要的是他必須抱持濃厚的興趣，去研究其個人例行工作以外的事物。

　　　　——皮耶・宏伯【Pierre Humbert（譯者註：1891-1953，法國
　　　　科學家）】

　　過去幾年裡有許多字的意思被濫用和曲解，有些情況甚至更為嚴重。撒母耳・強生【Samuel Johnson（譯者註：1709-1784，英國詩人、評論家、辭典編纂家）】在其所編撰的字典裡，將「officious」定義為「友善的，樂於助人的」，但如今你若形容一個人「officious」，他會以為你暗指他是無禮的愛管閒事者而覺得受辱。當查普林【Champlain（譯者註：1567-1635，十七世紀的法國探險家）】將沙漠山島（Mount Desert Island）（涵蓋今日阿加底亞國家公園的緬因州海岸島嶼）描述為「inhabité」時，他所指的乃是一片荒野，但這跟現在慣用的意思背道而馳。

　　然而，境遇最慘的字彙恐怕是「業餘者（amateur）」。這個古老優美的語詞不知何時開始被人曲解，今日大多數的人竟認為「業餘者」是一位五分鐘熱度、笨拙而經驗不足、製造劣質品的人，這是何其可悲啊！這個字彙曾經用來描述因喜愛而投入某事，並從中

得到極大樂趣的人，這人非為錢財，甚至不是為了追求名望或卓越，他（她）只是單純地奉獻智慧和熱情，並且樂在其中。這是一項嗜好（hobby）嗎？當然不是，它遠超越嗜好的境界；良好的嗜好雖可延年益壽，但它比嗜好涵意更深遠、更能滿足心靈，我們從以下的文章將可了解何謂「業餘者」。

首先我們該考量的當務之急是重振業餘者精神。過去數年來，大眾刊物大量探討美國因休閒時間劇增所導致的嚴重社會問題，此一問題引發了社會學、經濟學，甚至是精神病學的專家學者們熱烈討論。最近流行一個質問：「你是一個在週末就會神經質發作的人嗎？」因為大概有數百萬的美國人渴望從工作中解放，他們發現自己：「對於放鬆和休閒存有一種根深蒂固的恐懼，……以至於精神無法鬆懈，有時甚至造成嚴重的疾病。」這些逢週末便情緒失調的受害者，很明顯是因未曾學習如何愉快且有意義地運用他們的閒暇，遺憾的是確認原因並不必然導致問題的修正。我們只須參考羅馬人過去的經驗，就能領悟未事先規劃、對心靈無益的閒暇可能反而成為一種災難；米瑞德提克【Mithridatic（譯者註：發生在公元前一世紀羅馬帝國的戰役）】之役的勝利，使羅馬政權獲得大量來自東方的奴隸和寶藏，也帶給向來辛勤工作的羅馬人許多休閒時間，但羅馬帝國最後卻落得須發放賑濟物資，並引爆了連最有權力的帝國獨裁者也無力遏止的社會動盪。

我們現今所面對的問題既非引進奴隸，也不是因為征服他國而得利的過多財富，而是藉由工業生產這條捷徑，我們如當年的羅馬人般擁有越來越多的休閒時光。

相較之下，希臘人在培里克里斯【Pericles（譯者註：約自公元前495年至429年，培里克里斯為雅典城邦的立法者，古雅典文化

鼎盛時期）】主政的黃金時代，對於如何有意義地運用休閒時間，似乎已發展出相當豐富的知識。雅典也有奴隸的存在，另有一群既非奴隸、亦非雅典公民的人們，當時的希臘人雖然也犯了不少的錯誤，但整體而言，他們多方發展自娛娛人的才藝，以成為業餘的音樂家、戲劇家、演說家，及饒富邏輯的思辯家；而且倘若你相信古希臘喜劇之父亞理斯多芬尼茲【Aristophanes（譯者註：公元前448年至380年，古希臘的喜劇作家）】的創作是基於事實，他們甚至熱衷於參與陪審團和不厭其煩地討論法律問題。總之，你當然不相信雅典人在週末時會感到無聊，處在一個孕育眾多卓越藝術家和思想家的共和政體社會，人們肯定喜歡這樣的生活方式，他們是一群快樂的業餘者。而那些不具備才華的雅典人，也懂得欣賞與鼓勵他人，這是何等令人歡悅的繽紛才藝！

假若以上的觀察大致無誤，那麼對於身處保護區中（如提供解說服務的國立或州立公園、公立或私人博物館，或歷史建築物）這些熱誠的工作人員，上述所論及的休閒觀念就顯得更加重要。因為這些思慮縝密的保護區管理者，以及正致力於提升人類心智與靈性的解說員們，他們會誠實坦率地一再檢視自己：「我正在做些什麼？我所置身的這個機構，在美國的生活體系中其定位究竟為何？」。

保護自然和具歷史意義的紀念物當然很重要，很多人因此主張嚴格保護我們最珍貴的遺產（那些脆弱的、不能取代的，且提供未來學術研究的資產），就如同約櫃（譯者註：舊約歷史中，上帝與以色列人立約，以色列人將刻有十誡之石版放在特製之木櫃中，稱為約櫃）一般，即使我們無法得見卻知道它安穩地存在，並因而產生激勵之情。

但是如此「珍貴」的襲產畢竟是少數，對於大多數襲產，為了

保存而不讓人親近的做法並不正確，其實我們可以善加利用之卻無損耗其完整。我們的確不該揮霍所擁有的資本，但更應該熱切地散播這對於自然與人文襲產的喜愛。

我們該如何實踐這理念？這正是解說員想要知道的。我歸納如下：妥善地維護這些襲產，除了能使人們感受異於日常生活的鬆弛感與新鮮感之外，還能藉著親近這些自然遺產和歷史紀念物，進入美善和藝術的體驗中，並且神遊在歷史關鍵時刻與激勵人心的事件中。然而在遊客離開公園、博物館，或歷史遺蹟之後，這些美好的感受如何轉化為遊客持續投入的興趣，而非曇花一現就消失於無蹤？

單憑參訪這些保護區，就期望全國人民都能變成專家，即使這是個美好的期望，但解說員都深知這是不可能的。遊客藉由參訪所導致的教育性收穫其實寥寥無幾，因為他並非存心到此受教，而是來欣賞、體驗、與嘗試新奇的事物。他好奇著大峽谷（Grand Canyon）究竟是否真如喬‧史密斯（Joe Smith）所訴說的那般美麗壯闊？他曾聽說「每個人都該去見識」羅拉米碉堡【Fort Laramie（譯者註：位於今日的懷俄明州，是美國西部拓荒時期重要的碉堡與中繼站）】、范德比爾特豪宅【Vanderbilt Mansion（譯者註：二十世紀初期由富有的范德比爾特家族在紐約州海德公園所建立的豪宅）】，或是蒙地舍廬【Monticello（譯者註：美國第 3 任總統傑弗遜的故居）】，遊客們的心情是：「好啦，現在我來了，請讓我瞧瞧。」。

遊客縱然不明究理，卻也一腳踏進了這個可喜的陷阱，他對此地的好奇與茫然，使解說員有機可乘。是怎樣的機會呢？當然不是讓遊客滿載著專業知識而歸去，比方說他現在蒞臨羅拉米碉堡，他將記不得這位不幸的將領究竟是費特曼（Fetterman），或溫克爾曼（Winckelman），還是畢保德（Peabody），及碉堡建立於何年何

月？這些都不是我所謂的機會，真正的機會是透過那偉大的美國西部移民故事、那穿著平頭釘靴向著落日橫越奧瑞岡古道【Oregon Trail（譯者註：美國西部拓荒時代，移民西岸的西北部著名古道）】的艱辛步履、那對西部的征服，以及那廣大領土的璀璨，使遊客深受感動而成為一位快樂的業餘者。羅拉米碉堡的故事固然精采，但重要的是傳遞一整體的意象，進而發展成讓遊客閒暇時願意投入的一種愛好。

現在我們已經有許多這類快樂的業餘者，但人數仍遠不足以增進全國性的福祉。你聽過「西部人」（The Westerners）這個社團嗎？它裡面就有許多快樂的業餘者，或許當中有些是歷史學家，但絕大部份的成員來自各行各業，他們到此並非只為小酌一杯或吃頓飯罷了，而是期望在他們共同所熱愛與沈醉的歷史探索中尋求共鳴。「南北戰爭圓桌會議」【Civil War Round Table（譯者註：專門研究美國南北戰爭的非營利民間團體）】的團體也是同樣的情形，如果你曾經置身其中的一場聚會，便不會認為任何一位關切南北戰爭的業餘者，會不知如何從休閒之中獲致樂趣。就我所知當中或許有神經質的會員，但絕非源自這種愛好。

當然這多少也提醒我一件事：一個人不須具備正規的教育背景，即能成為愛好科學或藝術的業餘者。在亞利桑那州拿可（Naco）附近經營農場的馬克·納福特（Marc Navarrete）與他的父親佛瑞德·納福特（Fred Navarrete）是最佳的範例，亞利桑那大學的埃米爾·霍瑞博士（Dr. Emil W. Haury）曾如此寫著：「納福特父子那堪稱表率的態度，及所散發出的光芒，像是一盞明燈，指引著業餘者和專家之間的關係。我衷心盼望，他們在西南部原始人這考古領域所做的貢獻，能為自己帶來恆常的滿足感。」。

納福特父子曾經耗費十五年的時間，持續觀察綠叢溪（Greenbush Creek）對於某條野溪的侵蝕作用。我不知道他們父子為何對考古學充滿興趣，或許起因自他們曾參觀某個西南部國家公園的考古地區。總之，在 1951 年 9 月馬克·納福特傳話給亞利桑那州州立博物館，告知館方他發現了兩處在長毛象骨骸上留下的巨大投擲點【projectile points（譯者註：此處指原始矛箭的尖端處在動物骨骸上所留下的痕跡）】，身為一個真正的業餘者，他知道此發現是何等重要。同樣地，也因為身為一名真正的業餘者，所以他明白進一步的探究必須留給專家繼續進行。後來在綠叢溪所做的挖掘工作及所發現的八個投擲點，證明了一萬年前這裡所發生的一場狩獵「屠殺」，而這整個考古發現正如埃米爾·霍瑞所稱，是「業餘精神的重大勝利」。試想，納福特父子會覺得他們的週末無聊至極，因而焦躁不安嗎？

在本章的起始，我曾提過嗜好者（hobbyist）與業餘者（amateur）的差別，我並無意貶低「嗜好」，一個嗜好者很可能會發展成優秀的業餘者。但一般而言，我認為嗜好者的興趣是聚焦於「物件」上，而業餘者則主要是委身於「理念」或「文化」。舉例來說，蒐集錢幣即屬於嗜好，是一種可敬的嗜好，可是一旦蒐集到各個時期和各個鑄造廠所生產的美金硬幣時，這項工作已告完成，如果你不嫌厭煩，將可重新展開另一種貨幣的蒐集。

圖 1 弗德臺地國家公園（Mesa Verde National Park）裡的遊客正探查山崖邊的古印第安房舍遺蹟。

National Park Service

圖 2 「遊客參與」是解說中一項重要的要素，遊客們踩在沼澤地國家
公園（Everglades National Park）又溼又「髒」的溼地上。

　　然而若你蒐集古羅馬或古希臘的錢幣，在因此而散盡錢財之
前，你或許可發現透過這些錢幣能了解到這些古代國家的社會和經
濟生活。雖然我不是古幣收藏家，但當我看到羅馬錢幣上的安羅娜
【Annona（譯者註：羅馬神話中，掌管穀物供給的天使）】或麗帛
瑞黛絲【Liberalitas（譯者註：羅馬神話中，象徵慷慨寬宏的天使）】
等名字時，我知道我正在聆聽這個帝國逐漸破產的故事。而從加列
努斯【Gallienus（譯者註：218-268，羅馬皇帝）】時代其成分攙假

的「銀」幣上，則看到當這個帝國的皇帝再也籌不出救濟金來堵住暴民的口時，經濟終於崩潰。

National Park Service

圖3　沼澤地國家公園（Everglades National Park）的遊客乘坐解說電車穿越鯊魚谷（Shark Valley），近距離地觀看野生生物。

　　蒐集古希臘錢幣亦是如此，你會開始了解雅典城的「貓頭鷹」錢幣（譯者註：古希臘的錢幣上經常有貓頭鷹的圖案，貓頭鷹在當時代表智慧），為何是貨幣政策不佳的其他國家所急切需求的，因為它們是「好」錢，即使在雅典政治最昏暗的時期，雅典人仍舊使錢幣上的「米娜娃貓頭鷹」【bird of Minerva（譯者註：羅馬神話

中，米娜娃是司智慧、學問、戰爭等的女神）】的價值不被貶低。在文藝復興後期，學問淵博的培瑞克斯（Pereskius）就曾利用古幣研究古代的歷史，而他並非是專業的歷史學家，而是一名業餘者。

　　我認為國立、州立，或市立公園中有關自然與科學的領域，存在著林林總總的機會提供快樂業餘者的投入。已有許許多多的人，對於鳥類、岩石、礦物、花卉、樹木，甚至大氣物理懷有濃厚的興趣，但他們並無意將這些興趣轉變為一種專業。

National Park Service

圖 4　北加州繆爾森林（Muir Woods）中，解說員與孩童
　　　在大教堂樹林（Cathedral Grove）裡對話。

最近有一則來自加拿大渥太華的報導，廣泛的在各地刊著：

「北美吼鶴（whooping cranes）尚未來到」

　　置身於這瞬息萬變的世界，你可能認為誰會在乎北美吼鶴抵達哪裡，或者它們離開什麼地方，但新聞媒體是不會浪費任何版面的。事實上，這則新聞雖小卻與一大群人發生關係，儘管這些人從未見過北美吼鶴，但卻是一群盡其所能、無私地關心野生動物的業餘者。由於野生動物是進化史裡珍貴的一部分，因此正如亞瑟·湯普森教授（Arthur Thompson）所言：「這些謙卑受造物的生命，和我們人類的生命相互糾葛在一起。」沒有任何一個物種可被允許滅絕，至少不該是因為人類的錯誤而造成。

　　過去四分之一的世紀裡，人們（特別是孩童們）對於岩石和礦物的興趣正以驚人的速度大幅成長，且仍繼續增長。不久前，一家早餐麥片的製造商嘗試在每個包裝裡放入一塊礦物標本，並允諾消費者將持續提供其他種類的標本。儘管這些樣本很小，而且缺乏進一步的參考資料以彰顯它的重要，但對現代廣告而言，這已經是相當人性化和富智慧的策略。

　　這裡再次強調，單純地只想蒐集某種喜好物件的欲望，與抱持著更寬廣的信念且更能使人滿足的業餘者精神，這兩者並不相同。有人很可能蒐集一整櫃的精美水晶（或石英、電氣石、石榴石，和其他類似的礦石），但卻從未思想這些無機物在我們生命中的奧祕。這奧祕就是當你握著一塊不大引人注目的石頭時，聯想到這石頭被小型植物、太陽和雪，及其他介質轉化為土壤之後，最終將形成我們身體中的重要元素；當你坐在一塊冰河時期遺留下來的大圓

石上，心中想像著在那段冰河時期，動物、植物，甚至是這土地上的人類，他們因為無法明瞭天候為何逐漸寒冷而必須南遷；或當你能發現這些石頭和礦物正是生命的起源時；此刻此景你即將成為一位快樂的業餘者。如果你曾經目睹一部滿載「石頭迷」的巴士，駛向老舊的採石場或礦坑，或是你曾經參加他們的聚會，目睹他們彼此交換標本和經驗，你會得出一結論：至少某些人不會因為假日不夠精彩而發狂。

讓我們注視這個事實：目前絕大部分的人都擁有過多的休閒時間，但是無法將它轉化為豐富心靈的時光。至於未來，顯然休閒的時間還會更多，但是正規教育很少（甚至是沒有）教導人們如何填補這些虛空。我並非指這是教育機構的責任，也許它們的本分的確只是培養有效率的專家和聰明的製造商，但是我確定當你建議一般教育人士安排如何妥善運用休閒時間的課程時，一定會使他不悅。

至於所謂的「成人教育」，尚且不論其價值如何，其結果似乎並無差別。它雖然彌補了因為不幸、缺乏機會、困倦，或較遲開竅所造成的學習缺憾，但結果似乎一樣，它只會教導人們成為更好的工作者或專家，然而週末假日的休閒問題依舊未能改善。

我認為最能協助人們快樂且有意義地運用休閒時光的地方似乎是國家公園、州立或地方公園、博物館，及其他的文化保留區。而這些相關機構的解說員所面對的最大挑戰是：該做什麼？該說什麼？如何為人指出方向？如何使遊客的個人生活，與這些襲產所涵蓋的某些事物（或至少一件事物）產生聯結？如何幫助遊客從渙散的心思中導引出明確的意念：「我能在這些事物中感受盎然的興味。」這都是解說員努力達成的目標。然而我很確定的是：光靠展示物品或平鋪直述的描繪，是無法達成此一目標的，因為這是關乎

心靈的，必須由心靈和真理來引導，方能流暢地揮灑釋義。

在談論「快樂的業餘者」時，我所談及的理想難免過於崇高，我們並不可能幫助每一個人都達到如此的境界。讓我們嘗試把「業餘者」這個名詞從已被玷污的情況中救拔出來吧！使它發揚光大並充分地利用之。

別忘了，班傑明・富蘭克林【Benjamin Franklin（譯者註：1706-1790，美國科學家、政治家）】是個業餘者，雖然他躋身廟堂之上，並且是科學家、發明家、外交家、政治家，以及文學家。儘管如此，他在遺囑開頭處寫道：「我，班傑明・富蘭克林，是一位印刷師傅……。」。

印刷是富蘭克林的專業，而在其他領域裡，他自視為一位快樂的業餘者，休閒時光創造了他在其他領域中的成就。

第十五章　美的展望

　　真、善、美其實是統攝萬有之道的不同面向。自然之美並非道的極致，而是導向精神與永恆之美的先鋒……。論到大自然最終極的本因，美只是其局部，而非最終或最高的表現。

——愛默生（Ralph Emerson）

一

　　1965 年 2 月，美國的詹森（Johnson）總統發表一篇國會咨文〈我國的自然之美〉，這可能是美國政府史上唯一有關自然之美的國家文件。一位國家領袖公開宣示「美」對人類福祉的重要性，希望對於那些飽受躁進、狂熱，與無情的工業摧殘而餘存的美好遺產，進行搶救工作，在歷史上是否曾有如此重大的類似事件？這真是個偉大的計畫，而現在就是我們保存或修復那些遺產，並停止成為富足而散漫的國家之時刻了。

　　德國詩人歌德【Goethe（譯者註：1749-1832，德國文學家，浪漫主義的開啟者）】曾說：「我們應當竭盡所能地倡揚美好的事物，因為實用性的事物已得到太多人的肯定。」的確單單憑藉著物質原料的本身就足以產生「實用性」的作用，這是毋須爭辯的。然而，美國的原始景觀勢必因此而大幅改變，豐富的資源將被快速地開發與剝削，河流將被人類駕馭，北美的大草原將成為耕田，道路造成地表上的斑斑刮痕，而原始森林也將應聲倒下。而除了少數具有洞察力的人們之外，我們無法期望一心追求更充裕、更舒適物質

享受的人們，能夠以理性的態度進行自我約束。人類在這一齣戲碼裡並沒有深刻的反派角色，有的只是終必接踵而至、令人悲哀的失衡。人不只是依靠麵包和工具而生存，如果將「美」從生活中剔除，那麼即使以天文數字的財富和極盡奢華的享受，也無法彌補此一缺憾。

失衡的現象在我們的國家裡正驚悚地展現開來。由於人口的爆增，眼看著原本滿是自然之美的地方，因著數以百萬的人口遷入而消失；郊外的貧民窟裡，人民無力地墮落；路邊則棄置著報廢汽車可怕的殘骸，並充斥著喧鬧交易的粗俗聲浪；空氣飽受濃煙的污染，而河流、湖泊，及河口則佈滿污物和化學物質，導致魚類死亡，人類也因此陷入險境。詹森總統在咨文中，以慎重的詞彙勾勒出這整幅灰暗的圖像。

總統的呼籲有效嗎？已有跡象顯示這將會是有效的，但復原則需要一段時間的努力與等待。大自然修復人類身體受傷的過程是緩慢的，而心靈創傷的治癒則需要更長的時間。關於自然之美遭受的破壞，僅管在各種政治層面上都顯示出覺醒的跡象，但這項警訊仍須受到每一位公民的理解與重視。約書亞・羅伊斯【Josiah Royce（譯者註：1855-1916，美國哲學家）】曾提過，哲學家康德「對於唱高調並無興趣，但對於立基於理念之大規模且相互關聯的個人性與社會性行動，卻自然地萌生崇敬之意。」這句話有其切時性！將「美」回復到其合宜的顯著地位之呼籲，不能只停留於「唱高調」，更需要付諸行動，不僅是停滯在立法層次而已，更要使每一個人都具有這樣的認知。

二

　　然而在這篇國會咨文裡，其實存在著比表面文句更深遠的意涵：究竟何謂「自然之美」？什麼是真正的「美」？

　　即使是最聰明的哲學家也無法定義或詮釋人類對於「美」這個字的感受。每一種語言都有其對應「美」的字彙，保羅・修瑞（Paul Shorey）在研究柏拉圖的思想時，提到對美的感覺是「一種高貴的悸動，觸摸到比生活日常事物更精緻、細膩的某種質地。」他補充說明：「對於美的愛慕將轉化為一種導引，帶領人們感受善與真，以上這句話聽似模糊，但卻是我們尋求了解善與真的必經之途。『美』的本質當然遠超過我們所能表達的，但我們的確能夠感受它的真實。」。

　　在自然之美的國度裡，當我們第一次震懾於雄偉壯麗的事物時，主要是透過視覺進行領悟，但也包含了其他感官的感受。「令人驚嘆」雖是一種陳腔濫調的表達，卻也相當地適切，因為脈搏反應著你心緒上的波動，而後我們將了解此種感動只是華麗的開始。在事物表象之後隱藏著一個充滿精致之美的浩瀚世界，當我們更深地明瞭自然萬物的內在，就會明白自然界裡沒有醜陋的事物，絕對沒有！那些看似不然的例外事物，其實只是我們還無法領悟其美麗的面向罷了。

　　我們有時會自以為是地認為大自然的美景是為了人類而展現，如果能讓我能來點無害的幻想，我想像著人類與大自然在這觀點上的對話，當大自然耐心地聆聽人們對於「美」的高談闊論之後，它可能如此回應：

　　「我發現你所犯的錯誤導源於你那極其有限的知識，你以為美

只是我刻意運作的一項活動。事實上，我並未特意營造美，因為我就是「美」，我包含了美與次序、和諧、真理和愛等，這些你所試圖以抽象概念來表達的美好特質。從我秀麗景觀中你所看見的僅是大自然的美，呈現在你眼前的只是這絕對之美的一部分，而深藏其後的方是絕對之美。你不明白我的意思嗎？沒關係，因為這是個深奧的概念，但你正在努力了解，我就是喜歡你這一點，小小人類。」

其實，我們只能理解「美」的一小部分，或許這個奧祕將一直逗弄我們，但面對此「事實」有助於增進心靈上的福祉。這「事實」就是當我們身處未經玷污與開發的原始自然中，將會被提升至超越自我的生命高處。當我們第一次接觸優勝美地（Yosemite）、提頓山脈（Tetons）、紅樹林、阿爾卑斯山、伊瓜蘇大瀑布【Iguazu（譯者註：位於巴西、阿根廷與巴拉圭交界的大瀑布，列入世界自然襲產）】等壯闊之地，在我們的思想和情感上都會留下無法褪卻的色彩，這就是我所謂的「事實」。在形而上學範疇裡關於「美」的推論是迷人的，因為它不僅能擴增我們思考的面向和能力，也使我們更敏銳於與美對立的醜陋、敗壞，以及不和諧。

雖然純粹美學只是進入絕對之美的濫觴，但其重要性是不容忽視的，因為它就像英文字母表裡的每一個字母，是不可或缺的，沒有字母就沒有文字，而沒有文字，人類就無法溝通。

三

當我們輕率地犧牲自然之美以換取人類利益的同時，如詹森總統所言，我們應數算自己還餘有多少積蓄，所幸目前為止我們還有許多賬面餘額。在這爆炸性成長的時代，科技高度發展的國家最終往往變得令人懼怕，幸好我們還發展出全世界讚譽有加的國家公園

系統，並智慧地去落實運作以保護珍貴的自然資源。我們的確曾擁有珍貴的優勢，而時間也曾有利於我們，然而更難能可貴的是過去我們擁有許多善於論述、富前瞻性的先進前輩，能保存我們文化與自然遺產的完整性。反觀其他國家，當試圖從事這類保育工作時，往往已經太遲了。所以，我們並非無視於心靈和道德的價值，而是對於「實用性的事物已得到太多人的肯定」此一事實不夠警覺。對於美的保存和肯定，需要持續不斷更新的信念以及日以繼夜地委身守護。同理，維續自然之美的保護區和保存歷史往事的紀念館，一旦成為醜陋環境中的孤島時，它們將不可能再完善興盛或保有啟發性，這將湮滅了我們對美的敬意。林肯總統曾經指出：我們在文化和心靈上的追尋，必會在美醜參半的世界中枯萎。我們當然不能像夸父逐日，雄心壯志於無法完成的事，但在這機械化和被支配的社會中，我們仍然必須保有對美的渴慕，並將它具體呈現在國家政策上，然而我們失敗之處正是粗暴地破壞自然之美並視此為不可避免。

四

詹森總統的這篇咨文不僅是政策的宣告，更是發人深省。舉例而言，對於那坐擁雄偉自然之美及內蘊之美的國家公園系統，此篇咨文又帶給工作人員怎樣的啟示？國家公園署的獨特職責是「美」的維護者及解說者，除此之外還肩負其他職責嗎？不論解說員是身為自然學家、巡守員、歷史學家，或是機械維修人員，每一位都是傳播珍貴文化資產的橋樑。

「美」雖有無數的面向，我認為與解說直接相關的只有四項：

(a) 感官領略之美──人類對於大自然之美的感官領略，亦即與「荒野」的接觸。

(b)　心智領悟之美──人類領受大自然秩序的啟示。

(c)　人工創造物之美──人所創造的美好事物。

(d)　人性光輝之美──彰顯人性光輝的行為事蹟。

　(a)

　　當一個人透過感官領受自然之美時，是毋須旁人解說的，因為大自然本身已說明了一切，這是不言而喻的事實。此時，解說員只是扮演探查者和嚮導的角色，帶領人們至他所知悉最迷人的景點，然後便保持沈默。想一想，你會為蘭花上色嗎？同樣的，解說員應克制自己絕口不提「美」這個字，甚至連暗示遊客們欣賞隱士鶇（hermit thrush）的美好身影或歌聲，都視為一種冒犯。解說員明白「美」是個人珍貴的資產，「美」是個人的感動、領悟，和發現，而個人所發現的遠比其所見、所聽聞的更多。遊客探索那屬於自己的、迄今未曾了解的事物。哦不！我們不要解說這個層次的美，因為「美」逕自展示了自我。

　(b)

　　本節所提的內容才真的是解說工作的起點。有一種內蘊之美是感官所無法察覺的，這種說法具有兩層意涵，一層是自然之美顯現出來，使我們體悟到運行在自然界中的秩序；另一層是美存在於心智受到啟發的過程，讓人因此能夠略微賞識內蘊在大自然中的美。然而，究竟是什麼力量創造出我們所目睹和感受到的美呢？

　　本書的目的不僅在於為「解說」提供實用的定義，也試圖建立一套可供解說員謹記於心的原則。我雖然從未全然滿意於這些我所下的定義，但似乎無人提出更周全的定義，所以我依然使用它們。但是，對於這有幸能和數以百萬遊客面對面溝通互動的解說工作，我深覺遺漏了某些極為重要的事物。

不管我們是否將解說歸為「教育」，解說員所從事的是一種不同於課堂學習的教育活動，如果你認同，可將之視為引導性而非教導性的教學。解說的目的並非為遊客們做些什麼，而是激發遊客們為自己做些什麼，這是件需要縝密思慮的細膩工作，因為假日來訪的遊客不會想聽你說教，他來此的目的也不是為了學習。即使是最敏銳成功的解說員，也必須覺察一件事實，就是解說時他所運用的素材，其本質，該怎麼說呢？——並不是冷冰冰的，但絕對是要冷靜推敲的，因為我們所訴求的是大腦和心智。

在這具有價值的教育活動中，我們不能注入一些對心靈有吸引力的事物嗎？大自然的秀麗景觀可輕易地讓我們內心悸動，如山巒的侵蝕與堆積、生命對環境的適應、偉大而生機盎然的生物世界（人類只是其中之一，卻是極具掌控力的物種），所有這些都對人類含有豐富的啟示，最終也都將呈現「美」的某一面向。如果解說員深有同感，他可以表達出那種感受，但是看在上帝的分上，千萬別用說教的方式，因為它需要的是用心感受，而不是理性分析，只要感受夠深刻，就能將此傳遞給別人。

你視這些所觀看的風景與聆聽到的自然聲音為「美」，但它們是如何形成的？科學界致力於更了解此一過程，但無論我們發現了多少，此過程確實遠比我們耳目所能領略的更美。它所要觸動的是我們的心與靈魂，或者容許我這麼稱呼，我們內心深處那經常渴望被滿足的。這是一種生命帶給人的溫熱，把它融入理解中，這就是解說所希望達到的目的。

最近獲得諾貝爾獎的美國偉大化學家羅伯特・馬利肯【Robert S. Mulliken（譯者註：1896-1986，美國化學家，1966 年諾貝爾化學獎得主）】曾寫下一段話，深刻地影響我對自然世界的看法：「在

尋求能討大自然歡心的概念時，科學家必須具備極大的耐性。在尋求的過程中，若是所提的概念一再地被大自然否決時，他必須盡力忍耐、自我克制，和保持謙卑。而當他終於發現這概念時，將會感受到與大自然合一的親密感。」。

當非科學家人士了解馬利肯「討大自然歡心」的涵意時，就開始具備了科學的頭腦，他將會了解科學家所謂「美的方程式」的意義，是運用一種精簡的藝術形式以描述此概念。而當我們在尋找、發現並感受「美」時，便是「討大自然歡心」。雖是如此簡單，但在一個由商業市場主宰的世界裡，卻不容易獲得和維持這種「美」的經驗。

(c)

當我們談論到人工創造物（人們效法自然所做成的物品）之美時，就進入了一個複雜且難以理解的領域。某一位舊石器時代的藝術家，在阿爾塔米拉【Altamira（譯者註：位於西班牙的著名考古洞穴）】的洞穴牆上刻劃了一隻奔跑的鹿，這個由史前人類經仔細觀察後所繪的草圖，就現代的標準而言是一件美麗的作品。但他雕刻的目的是為了創造美的事物嗎？還是慶祝狩獵成功的一種獻祭，即基於實用性？我們並不知其真正的答案，當然，假如兩者兼具亦無妨。我手上有一個在儀式中使用的古代煙斗，利用明尼蘇達州西南部紅色的克肋尼特【Catlinite（譯者註：一種柔軟的紅色石礦）】黏土所製成，在密西西比州北部的土墩裡被發現，出自於史前印地安的藝術家之手，圖樣是一個人坐著沈思，猶如知名藝術家羅丹【Rodin（譯者註：1840-1917，法國寫實主義雕塑家）】雕塑品的先驅作品，相較之下毫不遜色。我想這位遠古藝術家創作的目的是為了美，雖然也可能含有宗教上的意涵。

以上兩例所探討的「美」牽涉到品味、傳統，和變動的審美觀。在解說人工創造物時，解說員所涉及的不是美的本質，而是人們對於美的態度；又因為「人工美」訴求於感性多過於理性，因此可以從情感的層面增加它的吸引力。人們對於建築物的審美觀一直在改變，維多利亞時代華麗的建築在今日看來已顯得有些可笑，當時看似美的建築物，今日卻令人分外苦惱。然而全世界卻鮮有人不被希臘的巴特農神殿【Parthenon（譯者註：古希臘遺留的偉大建築）】、法國南部尼姆（Nîmes）的古羅馬四方神廟（Maison Carré），或華盛頓的林肯紀念館（Lincoln Memorial）的古典美所震撼。每個人對於建築物和周遭環境間的和諧性都很敏感，在美國西南部的沙漠中，一種採用泥磚搭建的簡陋房屋，直接取用沙漠裡的土壤作為建築原料，以燈心草或瓦片作為屋頂，卻絲毫沒有違反美的原則。相對地，即使具備建築學優點的昂貴建築物，若與其周遭環境格格不入，就幾乎像是一個醜陋的贅瘤。因此，最近在華盛頓附近建立景觀建築物的計畫，反對的聲浪主要並不是針對建築物本身，而在於這些新建築可能破壞了周遭的自然之美。

　　我們可以永無止境地談論何時適合解說人類創造物之美，但迫在眉睫的是如何致力於保護某些我們已令其枯萎的自然之美，並且復甦對於環境之美我們那與生俱來的喜悅。而這美化計畫，也正是總統夫人以其熱忱及名望所欲達到的目標。

　　身為解說員，不論是否處於國家公園裡，都不需要去定義或解釋景色之美，甚至於連「美」的反面也毋須解說。夢遊仙境的愛麗絲遇到模仿龜時，模仿龜說它與一隻會教它如何「醜化」的老烏龜一起上學。

　　「我從未聽過醜化！」愛麗絲鼓起勇氣地說。這半龜半人的怪

獸驚訝地舉起牠的兩隻前掌：「從未聽過醜化？」接著大叫著：「我想你總該知道怎樣去美化吧？」愛麗絲狐疑地說：「大概吧！那指的是讓每樣事情都變得更好。」「沒錯。」這半龜半人的怪獸繼續說道：「你如果不知道什麼叫做醜化，那麼你一定是一個笨蛋。」。

當然，我們都知道何謂醜化，並且知道怎麼醜化，但是當我們急著獲取物質上的利益時，我們無心地或選擇性地遺忘了它，如今是付出代價的時候了。我們若選擇居住在俗麗的環境裡，就會麻木於醜陋環境帶給我們的傷害，而這種傷害就如同氣候般令人無法逃避。幸好事實並非如此悲觀，不論在城市、國家、鄉村，或小鎮，都已經展開行動，證明了人類對於「美」的感受是得以藉著「美化」而改善和更新。

而解說員所能做的是透過他的信念，以間接而溫和的方式，對始終善感的人心傳遞此一「美」的訴求。

(d)

在解說「人性光輝之美」時，我們感受到來自悲觀者睥睨的眼光。愛默生（Emerson）的文章中寫著：「自然之美看起來必然像是不真實的，除非在這秀麗景觀中存有和它們一樣美好的人類身影。」憤世嫉俗的人回答說：「也許是吧！但請你告訴我人類何時可以達到美好的境界？」。

我們毋須回到古昔——例如蘇格拉底、耶穌，或者古羅馬的雷古拉斯將軍【Regulus（譯者註：古羅馬帝國的執政官）】的年代——以尋求這個問題的解答，答案就存在於此時此地，就如同它也存在於昨天或者往昔的某一天裡。我們的國家公園系統涵蓋許多歷史紀念物，從這些史蹟的相關解說中，真實地呈現我們國家曾育有許

多偉大的男女。而在每一個歷史遺址裡，都曾有無數卑微的無名氏住過或經過。如華盛頓的出生地；那可以紀念林肯勇氣的多處地方；在阿波馬托克斯【Appomattox（譯者注：南北戰爭結束，李將軍在維吉尼亞州阿波馬托克斯法院向聯邦軍隊總指揮官格蘭特將軍投降）】的屋子裡，格蘭特將軍（Grant）和李（Lee）將軍一位展現出美好的氣度，而另一位則表現了雖敗猶榮的高尚情操；在麻州康科特鎮（Concord）橋上的農民士兵；那眾多保留下來的南北戰爭戰場——撫今追昔所有這一切不正是人類有別於動物的明證嗎？

最近在越南有一位士兵為了拯救袍澤而奮不顧身地撲在手榴彈上，戰爭的確十分可怕，人類希望能停止這樣的行為。然而無可否認的，在混亂不安的戰場中更能激發一個人英勇、堅毅，及自我犧牲的精神。哈佛大學哲學家威廉·詹姆斯（William James）深知此一無可否認的事實，因此寫下《戰爭中的情操》——他嘗試找出可以激勵人類的事物，而這位士兵的犧牲正是「彰顯人性光輝的行為事蹟」之良好典範。

一位處於戰爭紀念地或者古戰場的解說員，可以藉著運用大規模的戰鬥過程、一場關鍵性戰役的勝負，或者戰爭領袖的領導能力，來激盪遊客的心情。戰地解說可以表現得深具戲劇性，以激發遊客的想像力，讓此一片刻在國家歷史中的地位不被遺忘。這些有關戰場戰術的描述可以讓遊客的知識增長，但那真正觸動心弦的，是某些人如何在悲慘的境遇中，展現出「彰顯人性光輝的行為事蹟」。

五

無論是抽象的整體概念或具體的呈現，「美」的重要性是無庸置疑的，因為這對我們的情操涵養具關鍵性的影響。這是一種教育

性活動，更貼切地說是一種再教育的活動，因為在我們的內心深處，總能意識到「美」使我們產生了面對生活困境的勇氣，只是我們已經遺忘，而解說員的責任即是喚醒這深藏於心的記憶。

國家圖書館出版品預行編目資料

解說我們的襲產／Freeman Tilden著;許
世璋，高思明譯.
一初版.一臺北市：五南, 2006 [民95]
面；　公分

譯自：Interpreting our heritage
ISBN　978-957-11-4228-9（平裝）

1.解說　　　2.導覽　　　3.環境教育

541.84　　　　　　　　95001199

1L01

解說我們的襲產

作　　　者 ― Freeman Tilden

譯　　　者 ― 許世璋　高思明

發 行 人 ― 楊榮川

主　　　編 ― 黃惠娟

責任編輯 ― 盧羿珊　陳慧宜

出 版 者 ― 五南圖書出版股份有限公司

地　　　址：106台北市大安區和平東路二段339號4樓

電　　　話：(02)2705-5066　傳　　真：(02)2706-6100

網　　　址：http://www.wunan.com.tw

電子郵件：wunan@wunan.com.tw

劃撥帳號：01068953

戶　　　名：五南圖書出版股份有限公司

台中市駐區辦公室/台中市中區中山路6號

電　　　話：(04)2223-0891　傳　　真：(04)2223-3549

高雄市駐區辦公室/高雄市新興區中山一路290號

電　　　話：(07)2358-702　傳　　真：(07)2350-236

法律顧問　林勝安律師事務所　林勝安律師

出版日期　2006年3月初版一刷
　　　　　　2015年5月初版四刷

定　　　價　新臺幣350元